rosenheimer raritäten

Florentiner Stickerei

Barbara Müller

rosenheimer

Für Nani,
die mir mit Rat und Tat
zur Seite stand

Inhalt

nennt man sie in deutschsprachigen Ländern, im Englischen heißt sie Bargello und in Italien sagt man punto fiamma (Flammenstich). Auch die Bezeichnungen Wasserstich oder ungarischer Stich kann man gelegentlich finden.

Wenn ich erklären sollte, was Florentiner Stickerei ist, würde ich sie als »stickbares Thema mit Variationen« bezeichnen. Das Thema ist gezählter Plattstich, und die unendlichen Variationen sind Stichlängen und Farben. Vor allem das Spiel mit den Farben ist wichtig – ob gedämpft oder kunterbunt, ob Ton in Ton abgestuft oder nur einfarbig – der Reiz, der von der Florentiner Stickerei ausgeht, liegt vor allem in der Farbe.

Die Technik ist sehr alt. Ganz frühe Stücke findet man schon im 13. Jahrhundert. So recht in Mode gekommen ist die Stickerei aber wohl erst im 17. Jahrhundert. Ihr genauer Urspung ist leider nicht erforscht. Nur einige Geschichten gibt es darüber. Eine ungarische Prinzessin, so wird erzählt, habe einst einen jungen Mann aus der Familie Medici in Florenz geheiratet. Ihre Brautausstattung war aufs schönste mit Stickereien im ungarischen Stich verziert. Natürlich lehrte sie die entzückten Damen am Florentiner Hof diese Kunst.

Eine andere Geschichte will uns glauben machen, daß Gefangene, die im Palazzo del Bargello ihre Strafe absaßen, mit dieser Stickerei beschäftigt wurden. Falls Sie den Palast kennen, in dem heute das National-Museum untergebracht ist, werden Sie sicher nicht an diese Geschichte glauben.

Wo immer diese Stickerei auch entstanden sein mag – sie fand schnell viele Anhänger in ganz Europa – und mit den englischen Auswanderern kam sie gar noch nach Amerika. Dort allerdings entwickelte sie sich ganz eigenständig. Man stickte in sehr bunten Farbkombinationen.

In unserer Zeit ist die Florentiner Stickerei leider aus der Mode gekommen. Dabei wäre diese rationellste Möglichkeit, größere Flächen kostbar zu gestalten, doch unserem chronischen Zeitmangel angepaßt.

Ich würde mich freuen, wenn dieses Buch die alte Kunst der Florentiner Stickerei wieder in die Gegenwart holen könnte.

Viel Freude an der Arbeit
und viel Lob für gelungene Stücke
wünscht Ihnen Barbara Müller

Anwendungsmöglichkeiten

Die klassische Verwendung für die Florentiner Stickerei ist die Tapisserie. Stühle, Sessel, Bettbespannungen – ja ganze Wandverkleidungen hat man so bestickt.

Sicher wird heute niemand so viel Zeit haben, daß er ganze Wände »bestickt«. Aber so mancher alte Stuhl kommt mit einer edlen Polsterung wieder zu neuen Ehren. Ebenso auch ein abgewetzter Fußschemel.

Wenn man den Stramin und die Wolle gröber auswählt, kann ein Teppich entstehen, der einen ganz besonderen Akzent in der Wohnung setzt.

Wählt man das Material feiner, wäre die Stickerei außer für Möbelbezüge etwa für Vorhangbänder oder Gürtel geeignet.

Ganz fein – mit Sticktwist auf Stoff gearbeitet – sieht die Florentiner Stickerei besonders edel aus. Man kann damit sogar Kleider verzieren. Ich stelle mir z.B. das Wellenmuster von Seite 41 als schmale Träger und Passe eines weißen Sommerkleides sehr hübsch vor. Vielleicht sticken Sie aber lieber eine feine Abendtasche zu einem alten Silberbügel.

Tasche, Kissen, Fotoalben, Deckel von Kästchen, Tischläufer und Deckchen ... der Fantasie sind keine Grenzen gesetzt. Wo immer ein Flächenmuster gebraucht wird, eignet sich die Florentiner Stickerei bestens.

Daraus ergibt sich allerdings auch, daß sie für Bordüren – z.B. auf Tischdecken oder Schrankborten – völlig ungeeignet ist. Sie wirkt eben nur auf Flächen.

Zur Auswahl der Muster

Das gewählte Muster sollte in der Größe des Rapports (= Mustersatz) zur Größe des zu bestickenden Gegenstandes passen. Wenn z.B. auf einem Schemelpolster der Rapport nur zweimal zu sehen ist, wird der Reiz der Florentiner Stickerei nicht voll zur Geltung kommen. Es sollen also immer mehrere Rapporte in Breite und Höhe zu sehen sein.

Beachten Sie bei der Auswahl unbedingt die Fernwirkung der Muster. Wenn Sie das Buch etwas weiter weg legen, werden Sie beim Betrachten feststellen, daß manche Muster plastisch wirken. Das kann für die Auswahl ein wichtiger Gesichtspunkt sein.

Alle Wellen- und Zackenmuster lassen sich ganz einfach verändern. Sie brauchen dann nämlich nur die Stichlänge – 4 oder 6 Fäden – variieren. Ein Muster, das im Buch über 4 Fäden angegeben ist, wirkt steiler, wenn es über 6 Fäden gestickt wird, ein 6fädiges, über 4 Fäden gestickt, dagegen wirkt flacher.

Auch die Rapporte lassen sich leicht verändern. Wenn Sie mit der Technik erst vertraut sind, werden Sie merken, daß die Möglichkeiten schier unbegrenzt sind.

Zur Auswahl des Materials

Die Stärke von Stramin bzw. Stoff und Garn richtet sich immer nach dem Gegenstand, den Sie arbeiten wollen. Praktisch kann man jede Art von zählbarem Untergrund und jede Art von Stickwolle und Garn verwenden.

Wichtig ist, daß die Stickerei den Untergrund völlig abdeckt! Tut sie das nicht, wetzt sich die Stickerei sehr schnell ab und wird häßlich.

Sparen Sie auch nicht beim Einkauf. Strickwolle ist zwar billiger als Stickwolle, für die Florentiner Stickerei ist sie aber ungeeignet, weil sie nicht in ausreichender Farbauswahl zu bekommen ist. Außerdem bilden sich, etwa auf einem Stuhlpolster, bald unschöne Flusen.

Der Untergrund

Für Wollstickerei eignet sich Stramin am besten als Untergrund. Er muß so hart geleimt sein, daß die einzelnen Fäden beim Durchziehen der Wolle sich nicht wesentlich verschieben.

Großer Teppichstramin paßt zu MEZ-Sudan-Wolle.

Einfädiger Stramin – 6 Fäden pro cm – eignet sich als Untergrund für MEZ-Kelim-Wolle. (In dieser Art wurden alle Muster im Buch gearbeitet.)

Feiner, zweifädiger Stramin wird mit MEZ-Taubenzephir (Wolle) bestickt.

Mit Sticktwist (Spaltgarn) kann man auf zählbaren Stoffen – z.B. Gminder Cotton – arbeiten. Ist der Stoff sehr fein, kann der Twist beliebig geteilt werden.

Auf etwas gröberen Stoffen kann man auch mit Perlgarn arbeiten und damit ganz eigene Reize erzielen.

Das Stickmaterial

In der Florentiner Stickerei wird immer nur eine Garnart in einer Arbeit verwendet. Die Variationen liegen allein in der Farbe – nicht in Stärke und Sorte.

Die Auswahl der Farben braucht deshalb größte Sorgfalt und Überlegung. Mit ihr steht und fällt das Gelingen der Stickerei.

Die Farben sollen, z.B. bei Stuhlbezügen, der übrigen Einrichtung angepaßt sein. Mit einem Teppich oder einem Kissen will man vielleicht einen farbigen Akzent setzen. Man muß sich also unbedingt vor Beginn der Arbeit klar sein, wohin oder wozu die Stickerei passen soll.

Die klassischen Materialien sind eigentlich nur Wolle und Seide. Statt Stickseide kann man ebenso Sticktwist verwenden. Er glänzt sehr schön, ist in vielen Farben zu haben und auch nicht zu teuer.

Die Farbangaben bei den einzelnen Mustern (alle MEZ-Kelim-Wolle) sollen keine Vorschriften sein, sondern eine Hilfe für diejenigen, die noch nicht so geübt sind im Umgang mit Farben.

Falls Sie unsicher sind, sollten Sie lieber weniger bunt sticken. Die Tonabstufung in einer Farbe (siehe Muster Seite 46) kann durchaus reizvoll sein.

Die Nadel

Am besten verwendet man stumpfe Sticknadeln in passender Stärke. (Für Kelim-Wolle z.B. Nr. 18) Erstens sticht man sich damit nicht in die Finger und zweitens auch nicht in die vorhergehende Stickreihe. Die Fäden sollen nämlich nur neben bzw. übereinander liegen. Wenn man sie ansticht, verschwimmen die Konturen.

Praktische Arbeitshinweise

Der Schnitt

Bevor Sie zu sticken beginnen, zeichnen Sie am besten die Schnitteile auf den Untergrund. Also z.B. die Umrisse einer Tasche plus Nahtzugabe.

Wenn Sie einen Stuhlbezug arbeiten wollen und nicht sehr versiert in Tapeziererarbeiten sind, sollten Sie den Schnitt von einem Fachmann anfertigen lassen. (Es lohnt sich ganz sicher auch, ihm nach Fertigstellung der Stickerei die Polsterarbeiten anzuvertrauen!) Kalkulieren Sie unbedingt ein, daß die Stickerei auf Stramin ein wenig schrumpft.

Das Spannen

Große Straminteile sollten im Rahmen gearbeitet werden, da sich die Arbeit sonst leicht verzieht. Man näht dazu außen an den Stramin mit der Nähmaschine Stoffstreifen an. So kann man das Stück gut mit Reißnägeln z.B. an einem Batikrahmen befestigen.

Wenn Sie nicht gerne im Rahmen arbeiten oder keinen besitzen, müssen Sie die fertige Stickerei unbedingt spannen. Dazu nagelt man sie in der richtigen Form auf ein Brett, feuchtet sie gut an und läßt sie so trocknen.

Kleinere Straminstücke kann man von *hinten* feucht bügeln, in Form ziehen und nochmals – abgedeckt – trocken bügeln. Wenn der Stramin kalt wird, ist er in Form und auch wieder steif.

Stickereien auf Stoff müssen unbedingt im Stickrahmen gearbeitet werden. Die Gleichmäßigkeit der Fadenspannung ist sonst nicht garantiert.

Vorbereitung der Fäden

Die Wollstränge öffnet man, indem man die Drehung völlig auflöst. Man hat dann einen ziemlich langen Strang, der an einer Stelle abgebunden ist. Man zieht den kleinen Metallverschluß ab und schneidet an dieser Stelle den Strang einmal ganz durch. So erhält man doppelt lange Stickfäden.

Sticktwist zieht man einfach in der gewünschten Länge aus der Banderole.

Arbeitsbeginn

Man stickt im allgemeinen von rechts nach links. Beginnen Sie also mit der Grundreihe nach dem Zählmuster in der rechten unteren Ecke. Zählen Sie diese erste Reihe besonders sorgfältig. Fehler, die hier entstehen, ziehen sich durch die ganze Arbeit fort. Die Rapporte sind am Anfang und Ende mit x gekennzeichnet.

Bei Stickwolle empfiehlt es sich, keine Knoten zu machen. Sie lösen sich selbständig wieder auf. Man läßt einfach ein Stück Faden hinten hängen und vernäht es später. Alle folgenden Reihen können gleich eingenäht werden.

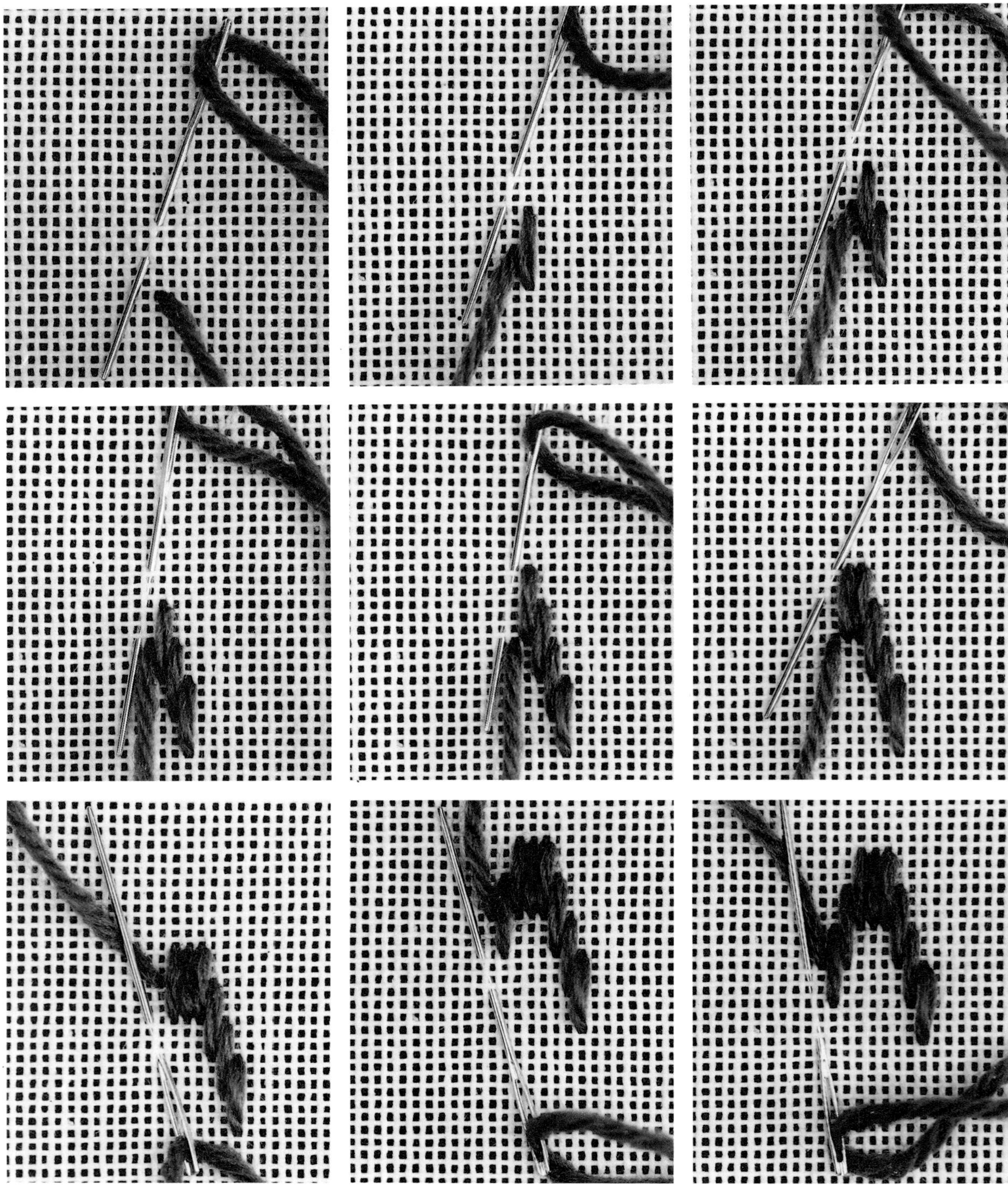

Die rationellste Stichweise entnehmen Sie bitte der Fotoreihe, die nach der folgenden Grafik gestochen wurde.

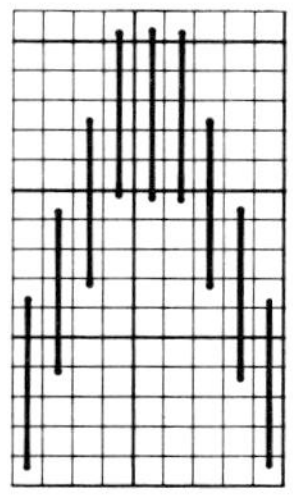

Nun sticken Sie Reihe für Reihe nach oben. Am oberen Rand werden die Stiche sinngemäß verkürzt, also nur halbe Stichlänge, damit die Begrenzung richtig eingehalten wird. Zum Schluß ergänzt man die Stickerei zum unteren Rand hin in gleicher Weise.

Die Gittermuster beginnt man besser nicht am Rand, sondern weiter in der Mitte. Sticken Sie zuerst einen größeren Teil der Begrenzungen und dann erst die Füllung. Fäden, die Sie im Augenblick nicht brauchen, lassen Sie besser vorne auf der Arbeit hängen.

Wenn Sie ein größeres Stück gestickt haben, ist Ihnen das Muster so geläufig, daß Sie die Randbegrenzungen sinngemäß einhalten können.

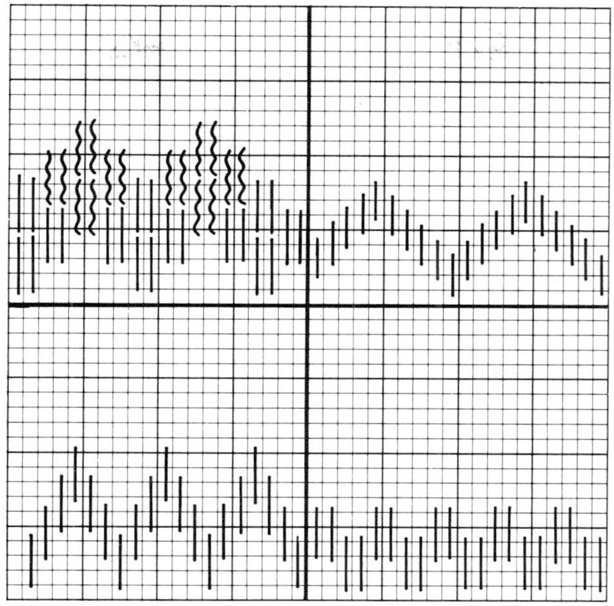

Vier kleine Muster
zum Lernen oder für kleine Gegenstände.

Links oben:
Helles Blaugrün Nr. 3140
Dunkles Blaugrün Nr. 3050

Links unten:
Helles Blaugrün Nr. 3140
Helles Braun Nr. 3134
Mittleres Braun Nr. 3065
Dunkles Braun Nr. 3136

Rechts oben:
Helles Blaugrün Nr. 3140
Helles Braun Nr. 3134
Mittleres Braun Nr. 3065
Dunkles Braun Nr. 3136

Rechts unten:
Helles Blaugrün Nr. 3139
Dunkles Blaugrün Nr. 3050

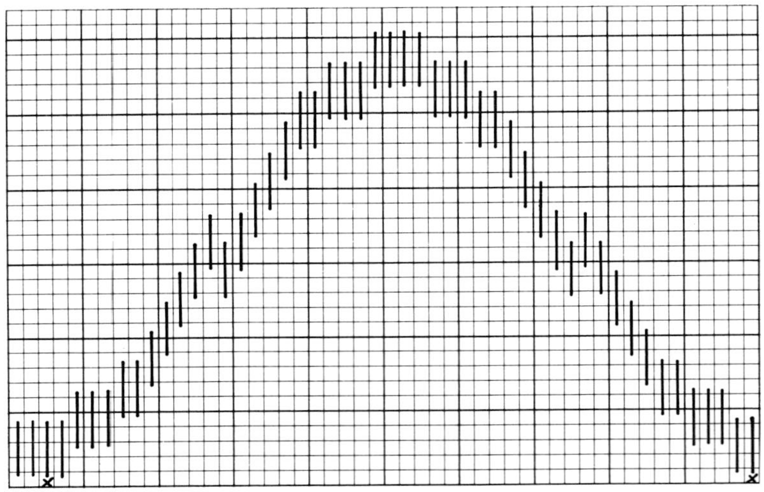

Ein ganz klassisches Muster,
das besonders fein gestickt werden sollte.
Hier ist es über 4 Fäden gearbeitet.

Hellstes Grün	Nr. 3085
Helles Grün	Nr. 3087
Mittleres Grün	Nr. 3043
Dunkles Grün	Nr. 3089
Weiß	Nr. 3204
Hellstes Braun	Nr. 3134
Helles Braun	Nr. 3065
Mittleres Braun	Nr. 3136
Dunkles Braun	Nr. 3040
Rosa	Nr. 3893
Dunkles Rosa	Nr. 3895
Rot	Nr. 3896
Dunkles Rot	Nr. 3898

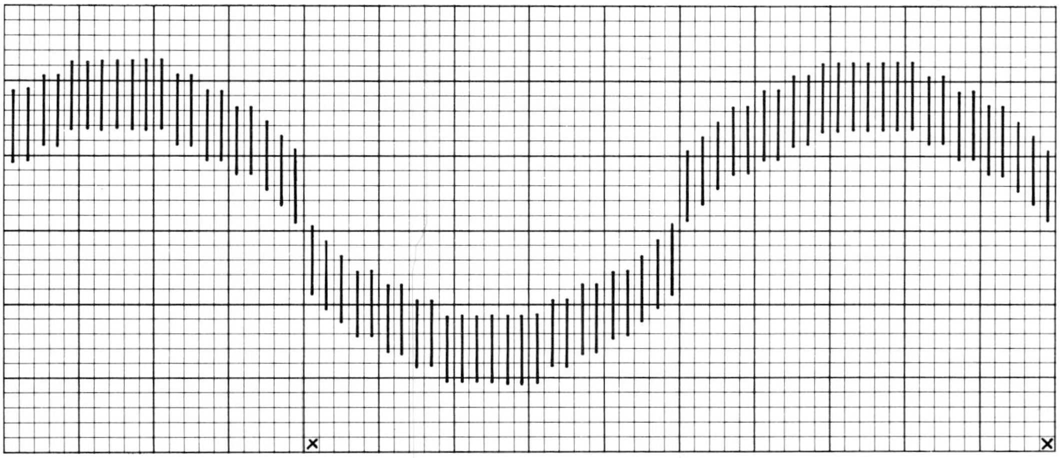

Dieses Muster wirkt,
mit etwas Entfernung gesehen, sehr plastisch.
Es eignet sich daher besonders für größere Gegenstände.

Dunkelrot	Nr. 3898
Mittleres Rot	Nr. 3896
Helles Rot	Nr. 3895
Hellstes Rot	Nr. 3893
Weiß	Nr. 3222

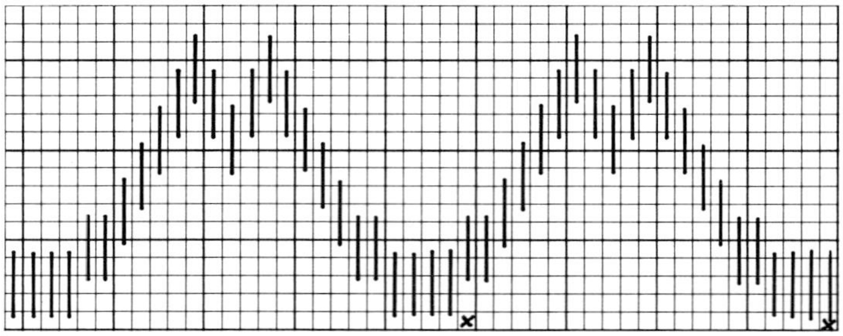

Bei diesem Muster
wurden verschiedene Stichlängen verwendet.

Rot	Nr. 3009	über 4 Fäden
Helles Blau	Nr. 3445	über 4 Fäden
Grün	Nr. 3177	über 5 Fäden
Gelb	Nr. 3085	über 4 Fäden
Braun	Nr. 3137	über 3 Fäden

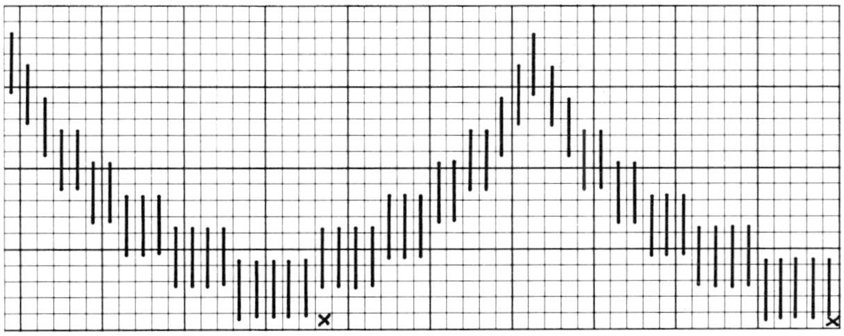

Ein sehr einfaches Muster,
das sich aber gut abwandeln läßt.
Man kann es über 6 Fäden sticken,
wenn man größere Flächen arbeiten will.
Man kann es auch auf den Kopf stellen
und die Bogen nach oben gehen lassen.
Die Möglichkeiten der Farbgebung
sind unbegrenzt.
Hier wurden 4 Blautöne
verwendet.

Helles Blau	Nr. 3144
Mittleres Blau	Nr. 3146
Dunkleres Blau	Nr. 3058
Dunkles Blau	Nr. 3034

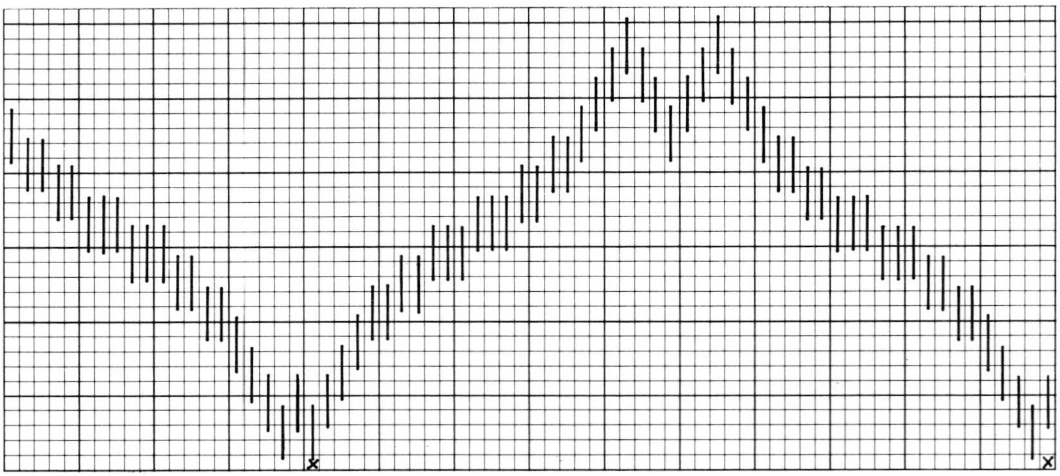

Weiß	Nr. 3204
Türkis	Nr. 3140
Weiß	Nr. 3204
Helles Violett	Nr. 3155
Mittleres Violett	Nr. 3157
Dunkles Violett	Nr. 3158
Mittleres Violett	Nr. 3157
Helles Violett	Nr. 3155

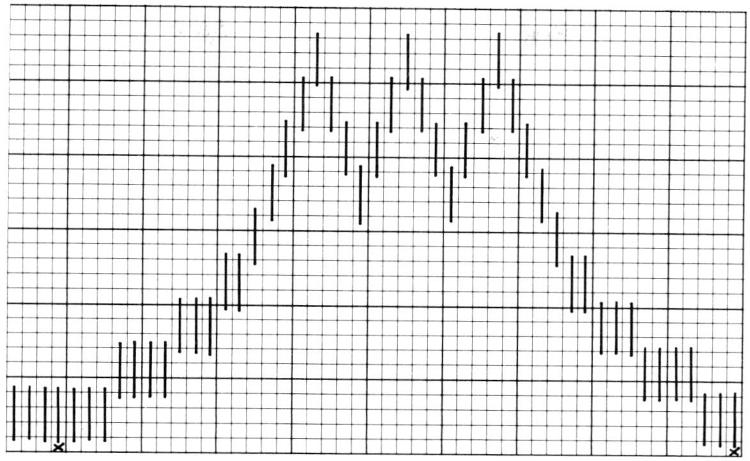

Dieses Muster wird über 4 Fäden gestickt
und jeweils um 3 Fäden
nach oben oder unten versetzt.
Es wirkt dadurch etwas unruhig
und eignet sich nur für größere Flächen,
etwa Stuhlbezüge.
Man könnte es aber auch um 2 Fäden versetzen,
dann wirken die Bogen flacher und ruhiger.

Helles Grün	Nr. 3175
Dunkles Grün	Nr. 3180
Dunkles Gelb	Nr. 3015
Mittleres Gelb	Nr. 3013
Helles Gelb	Nr. 3229

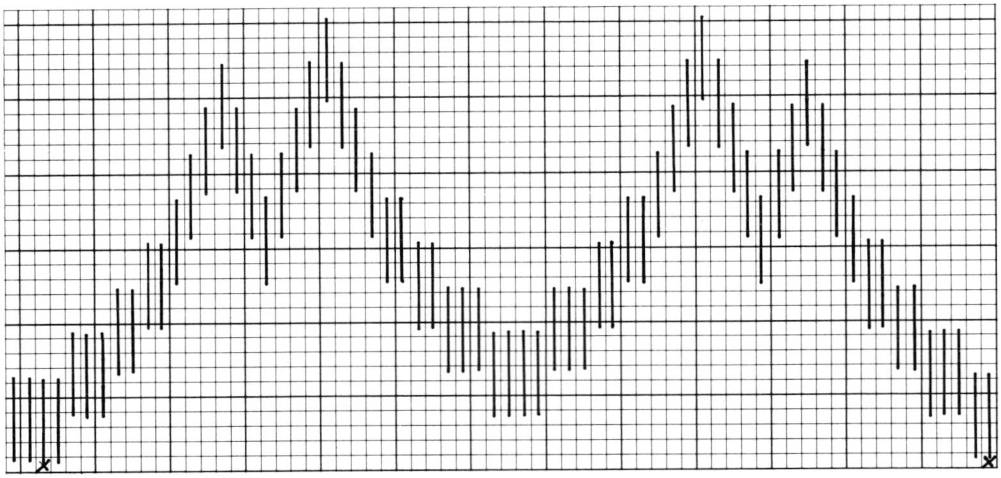

Über 6 Fäden sticken, jeweils um 3 Fäden nach oben oder unten versetzt. Man könnte das Muster auch über 4 Fäden (um 2 Fäden versetzen) sticken. Es wirkt dann aber nicht mehr so schwungvoll.

Dunkelstes Grün	Nr. 3078
Rot	Nr. 3011
Dunkelstes Grün	Nr. 3078
Helleres Grün	Nr. 3050
Grau	Nr. 3094
Helleres Grün (2 mal)	Nr. 3050

Nach diesem Zählmuster wurde auch die Stickerei für den Titel angefertigt. Als Untergrund diente ein Leinen mit 12 Fäden pro cm. Gestickt wurde mit 3fädigem MEZ Sticktwist in folgenden Farben:

Dunkelstes Grün	Nr. 217
Helleres Grün	Nr. 215
Hellstes Grün (statt Grau)	Nr. 213
Dunkles Rosa	Nr. 896

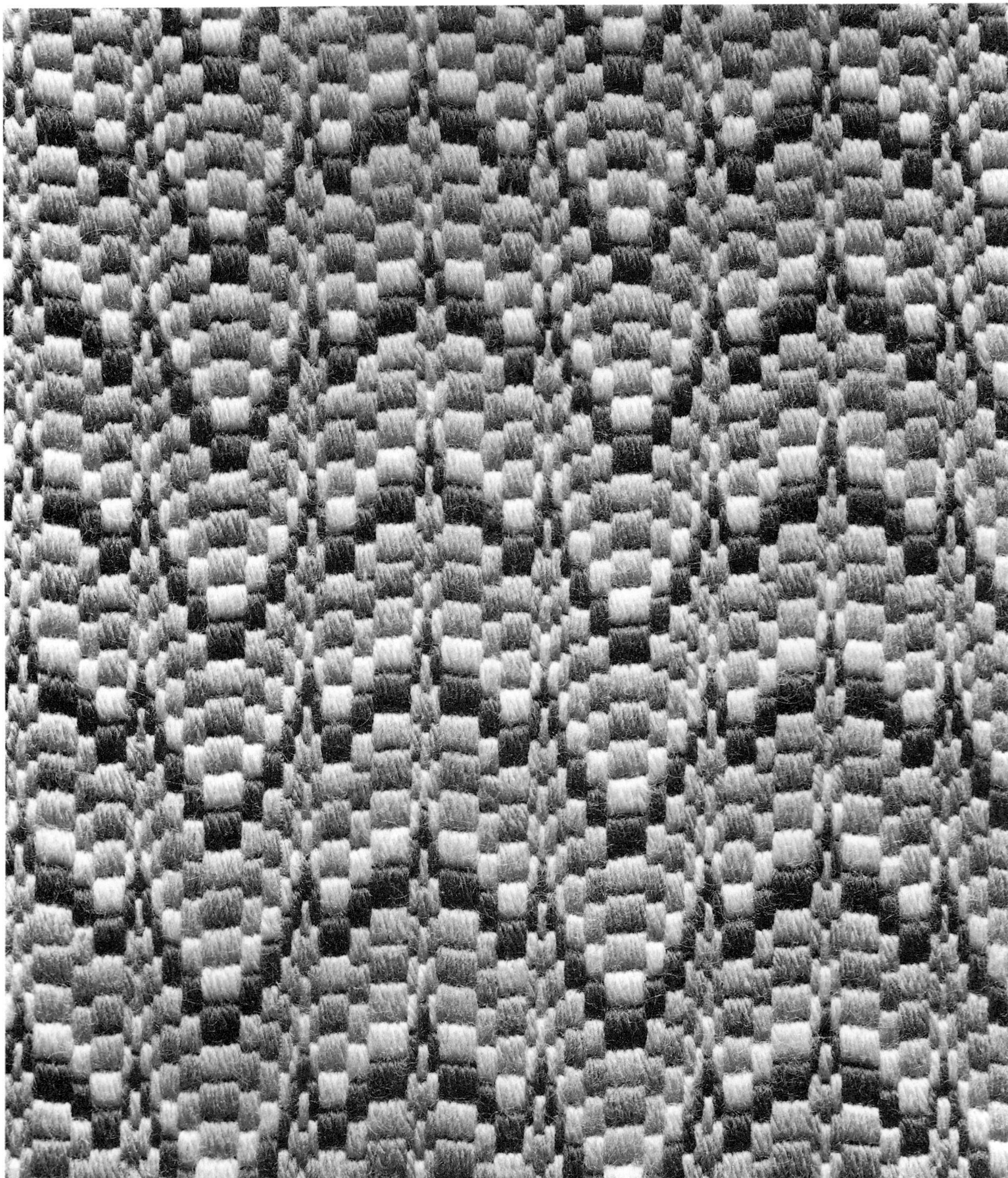

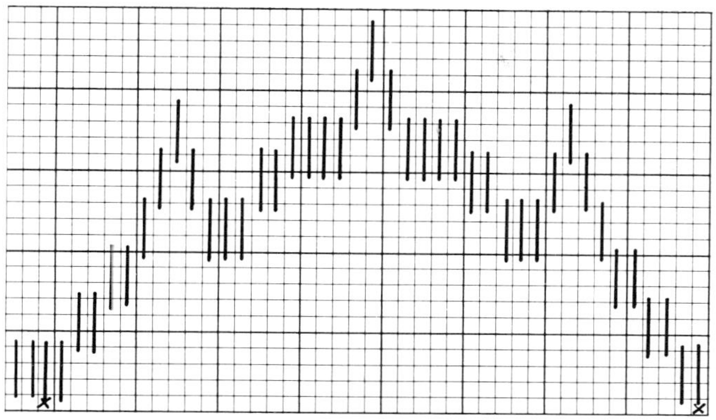

Das Muster ist über 4 Fäden gestickt,
jeweils um 3 Fäden
nach oben oder unten versetzt.
Nur an einer Stelle, neben der Mitte,
ist es nur um 2 Fäden versetzt.

Helles Gelb	Nr. 3229
Mittleres Gelb	Nr. 3013
Grün	Nr. 3175
Blau	Nr. 3094
Braun	Nr. 3016

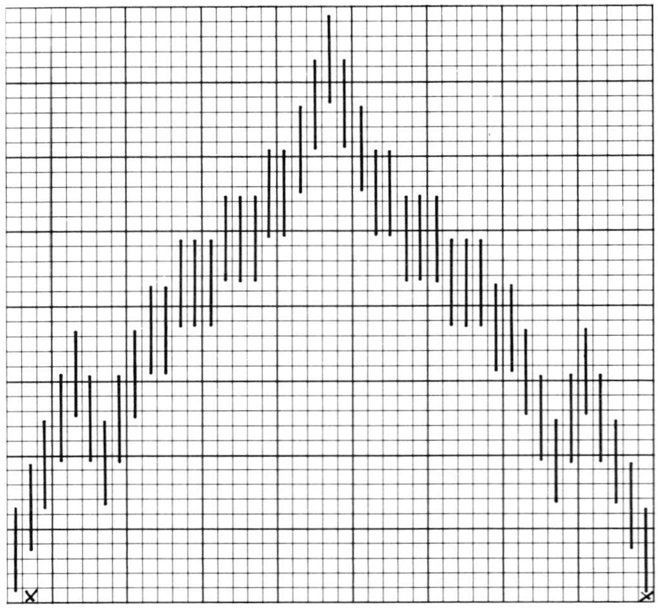

Man könnte dieses Muster
auch andersherum benützen.
Ich konnte mich nicht recht entscheiden.
Vielleicht drehen Sie es mal um?

Rot	Nr. 3011
Helles Gelb	Nr. 3229
Dunkles Gelb	Nr. 3013
Grün	Nr. 3044
Dunkles Gelb	Nr. 3013
Helles Gelb	Nr. 3229

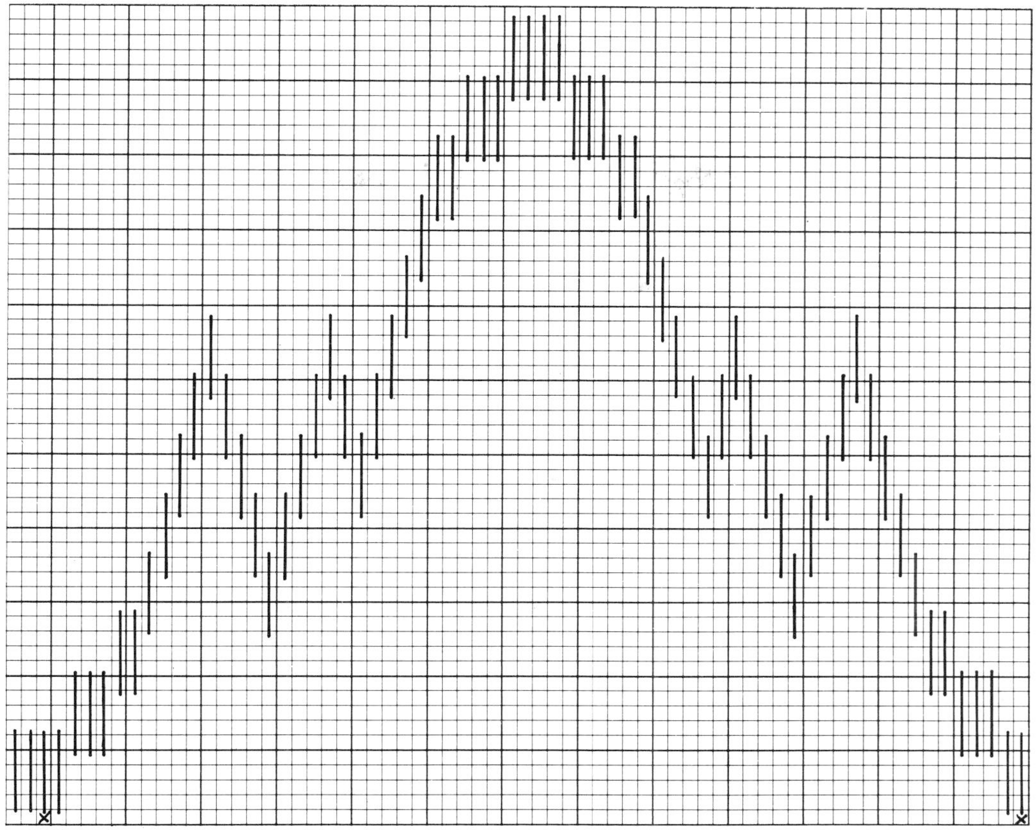

Der Rapport dieses Musters ist so groß,
daß es sich nur für größere Flächen eignet.
Es wird über 6 Fäden gestickt,
jeweils um 4 Fäden nach oben
oder unten versetzt.

Helles Rosa	Nr. 3290
Rosa	Nr. 3893
Helles Rot	Nr. 3895
Rot	Nr. 3896
Dunkles Rot	Nr. 3898
Schwarz	Nr. 3056

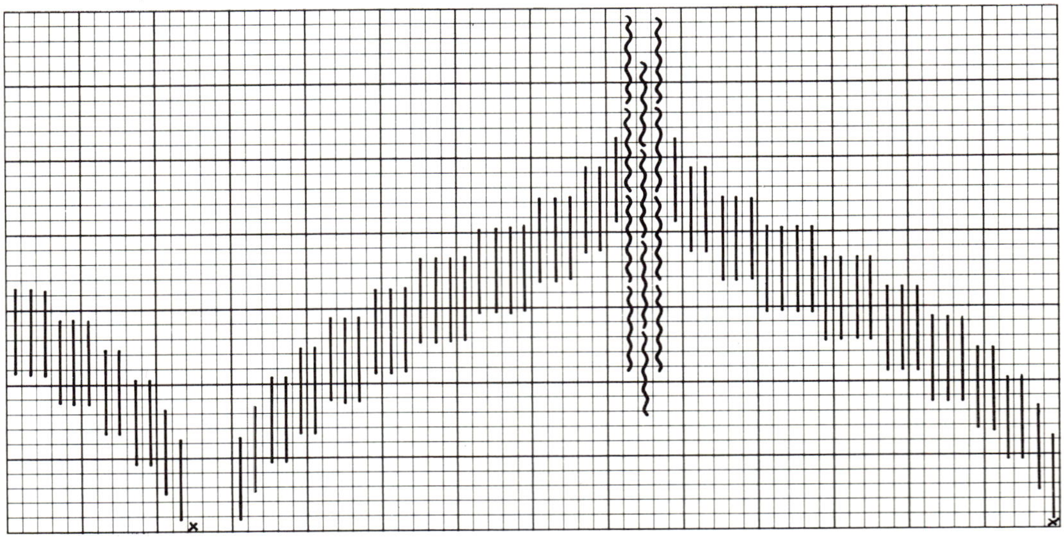

Über 6 Fäden sticken,
um 2 Fäden nach oben oder unten versetzen.
Die Farben wurden hier abwechselnd angeordnet,
dadurch erscheint das Muster plastisch.

Helles Braun	Nr. 3134	
Mittleres Braun	Nr. 3065	
Dunkles Braun	Nr. 3040	
Weiß	Nr. 3204	
Helles Grün	Nr. 3173	
Dunkles Grün	Nr. 3180	
Blau	Nr. 3030	für die Trennstriche.

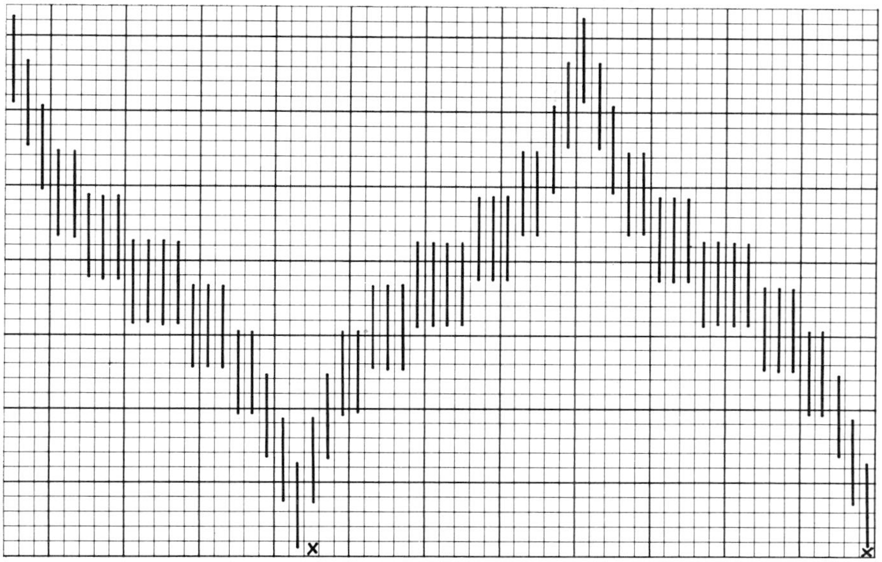

Für kleinere Flächen
können Sie dieses Muster auch über 4 Fäden –
um 2 Fäden nach oben oder unten versetzt –
sticken.

Hellblau	Nr. 3445
Mittelblau	Nr. 3077
Rosa	Nr. 3895
Mittelblau	Nr. 3077
Hellblau	Nr. 3445
Mittelblau	Nr. 3077
Dunkelrot	Nr. 3898

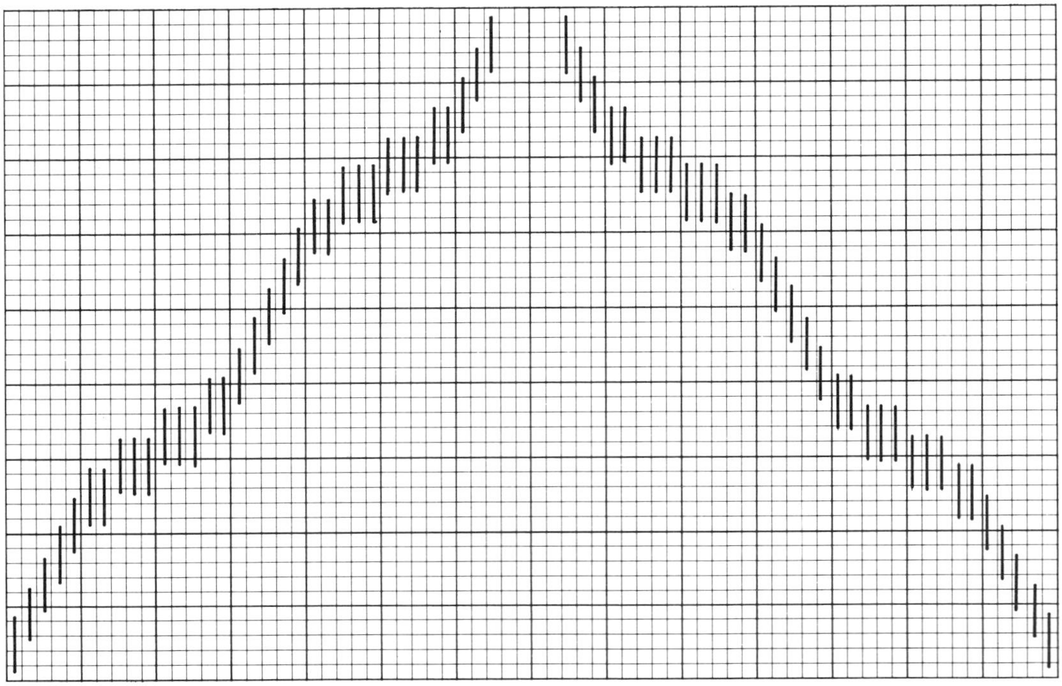

Das Muster auf dem Foto wurde nach der rechten Zeichnung
von rechts unten nach links oben gestickt.
Falls Sie Linkshänder sind
oder die Schräge in der anderen Richtung haben möchten,
arbeiten Sie nach der linken Zeichnung.

Dunkles Grün	Nr. 3177
Mittleres Grün	Nr. 3175
Helles Grün (2 mal)	Nr. 3173
Mittleres Grün	Nr. 3175
Dunkles Grün	Nr. 3177
Rosa	Nr. 3290
Dunkles Rosa	Nr. 3895
Rot	Nr. 3896
Dunkles Rot (2 mal)	Nr. 3898
Rot	Nr. 3896
Dunkles Rosa	Nr. 3895
Rosa	Nr. 3290

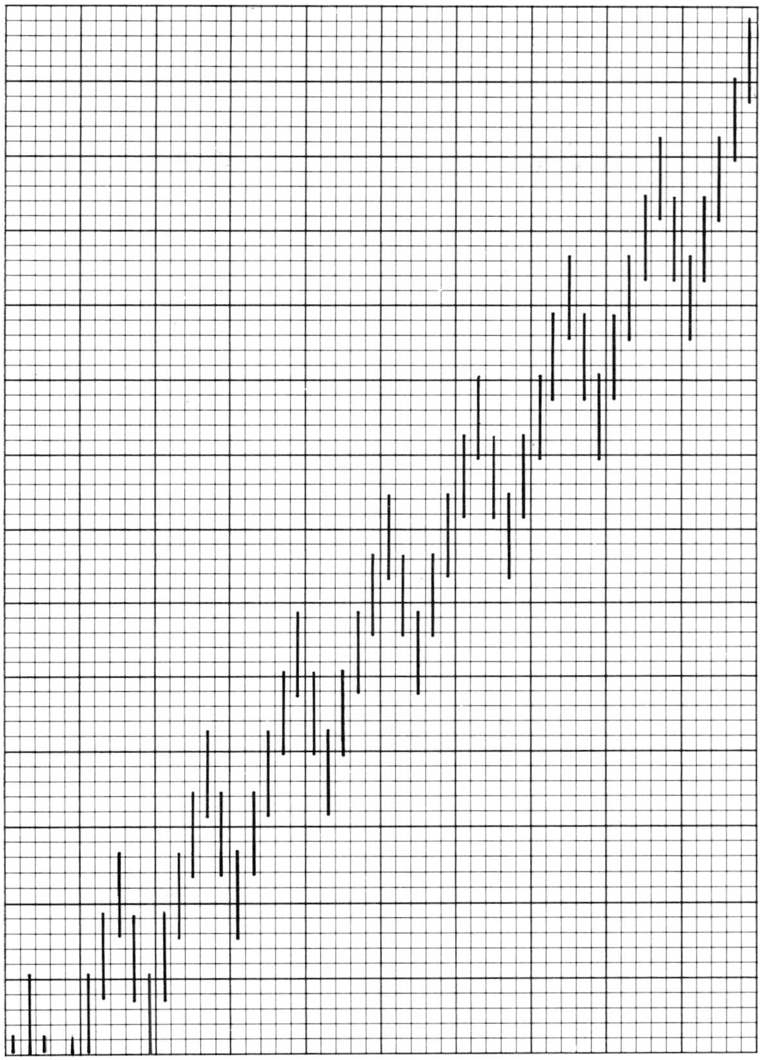

Bei diesem schrägen Zackenmuster beginnt man die Arbeit am besten im rechten oberen Eck. Am unteren Rand sorgfältig zählen, da immer noch Reste Zackenspitzen auftauchen (siehe Zeichnung). Wenn Sie die nicht sticken, setzt sich das Muster an der Stelle nach oben glatt fort!

Hellstes Grün (2 mal)	Nr. 3085	Rosa	Nr. 3098
Mittleres Grün	Nr. 3087	Dunkelstes Grün	Nr. 3089
Dunkles Grün	Nr. 3043	Dunkles Grün	Nr. 3043
Dunkelstes Grün	Nr. 3089	Mittleres Grün	Nr. 3087

Von rechts oben nach links unten arbeiten!
Am unteren Rand müssen Sie die Zacken sinngemäß fortsetzen (siehe Zeichnung).
Beachten Sie bitte auch die unterschiedliche Versetzung der einzelnen Stiche.

Dunkelrot	Nr. 3011
Mittleres Rot	Nr. 3009
Hellrot	Nr. 3098
Türkis (3 mal)	Nr. 3139

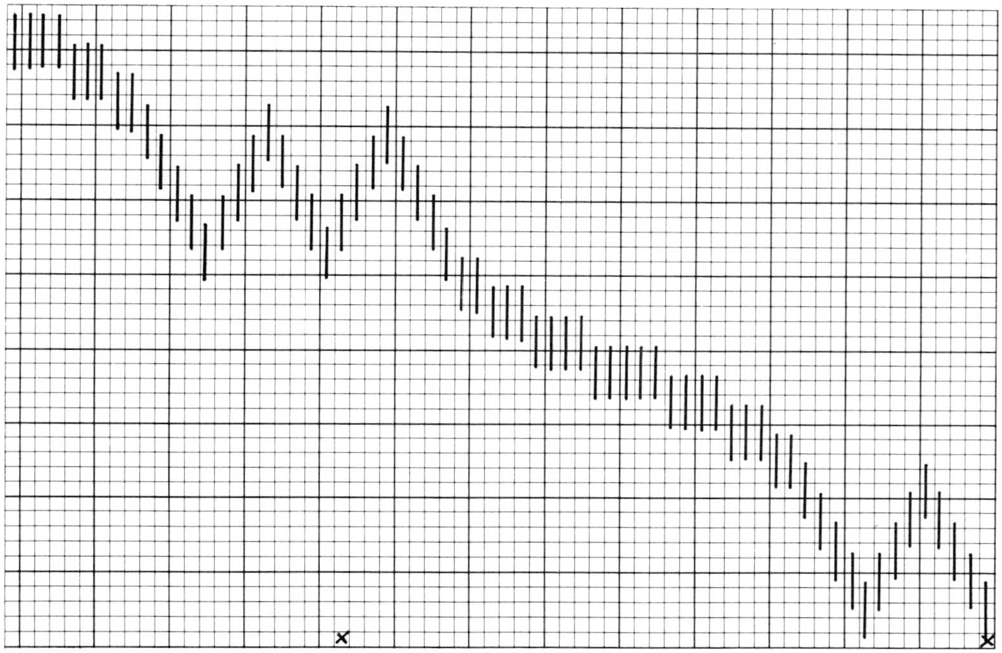

Dunkelstes Braun	Nr. 3040
Dunkles Braun	Nr. 3136
Mittleres Braun	Nr. 3065
Helles Braun	Nr. 3134
Weiß	Nr. 3204

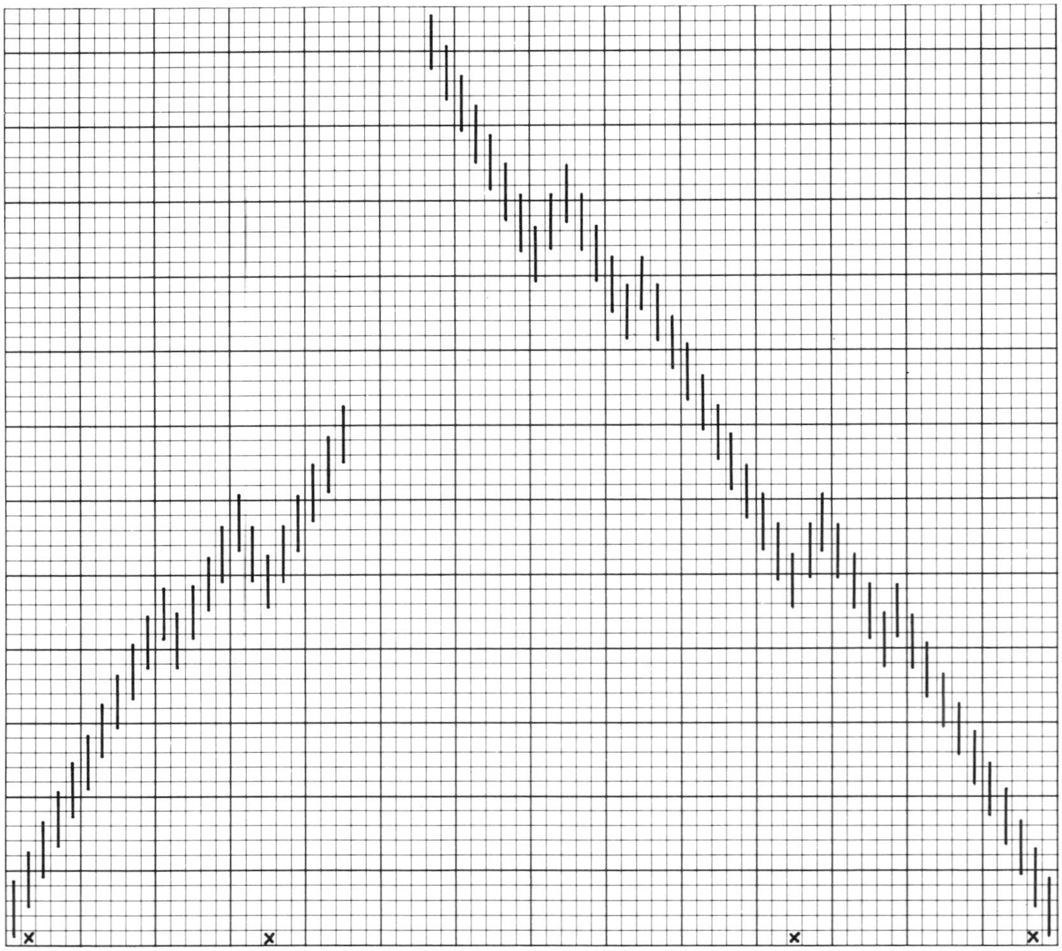

Von rechts unten nach links oben gestickt,
wird das Muster so wie auf dem Foto (siehe rechte Zeichnung).
Wenn Sie mit der linken Hand arbeiten,
benützen Sie die linke Zeichnung und arbeiten von links unten
nach rechts oben.

Rot	Nr. 3011	Dunkles Blaugrün	Nr. 3078
Weiß	Nr. 3204	Mittleres Blaugrün	Nr. 3050
Hellstes Blaugrün	Nr. 3139	Helles Blaugrün	Nr. 3140
Helles Blaugrün	Nr. 3140	Hellstes Blaugrün	Nr. 3139
Mittleres Blaugrün	Nr. 3050	Weiß	Nr. 3204

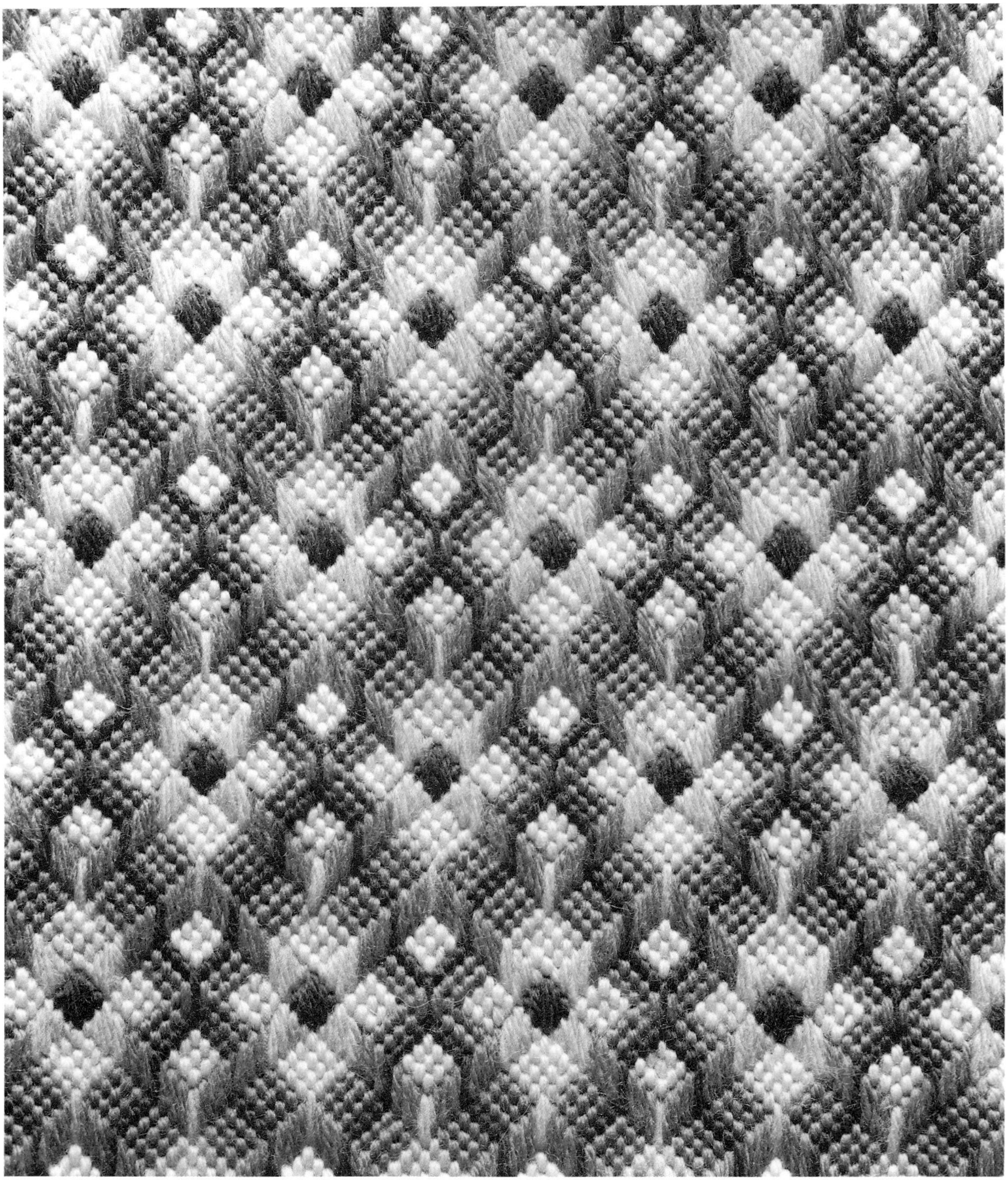

Man stickt zuerst die dunkelblaue Umrandung
und füllt dann Rhombe für Rhombe aus.

| = Nr. 3034 Dunkles Blau
⦚ = Nr. 3146 Mittleres Blau
ǂ = Nr. 3144 Helles Blau
¦ = Nr. 3222 Weiß

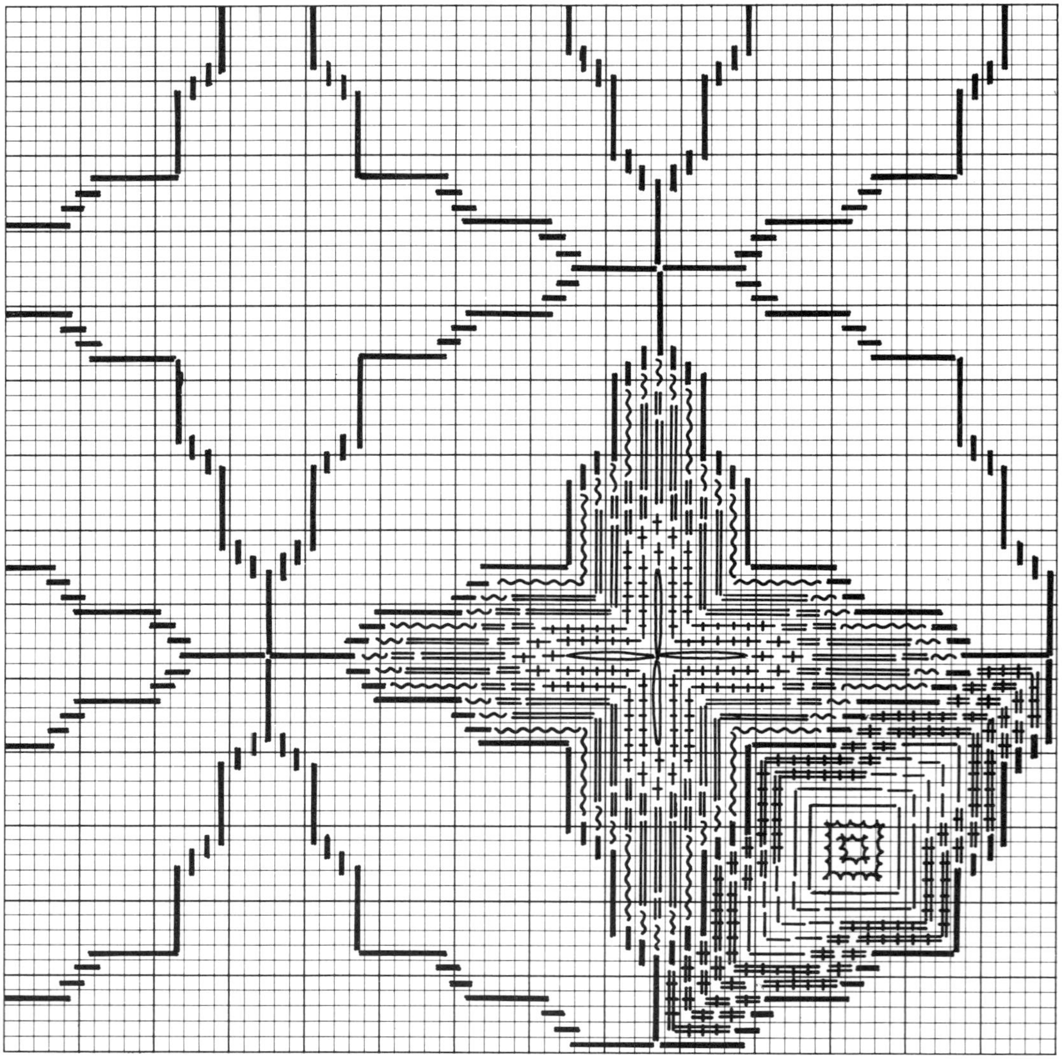

Sticken Sie zuerst eine größere Fläche der dunkelgrünen Umrandungen! So merken Sie schnell, wenn Sie sich irgendwo verzählt haben sollten. Innerhalb der Flächen verzählt man sich nicht mehr so leicht.

| = Nr. 3180 Dunkles Grün
‡ = Nr. 3175 Mittleres Grün
| = Nr. 3173 Helles Grün
⌇ = Nr. 3204 Weiß
⌇ = Nr. 3155 Helles Lila
‖ = Nr. 3157 Mittleres Lila
‡ = Nr. 3158 Dunkles Lila
0 = Nr. 3056 Schwarz

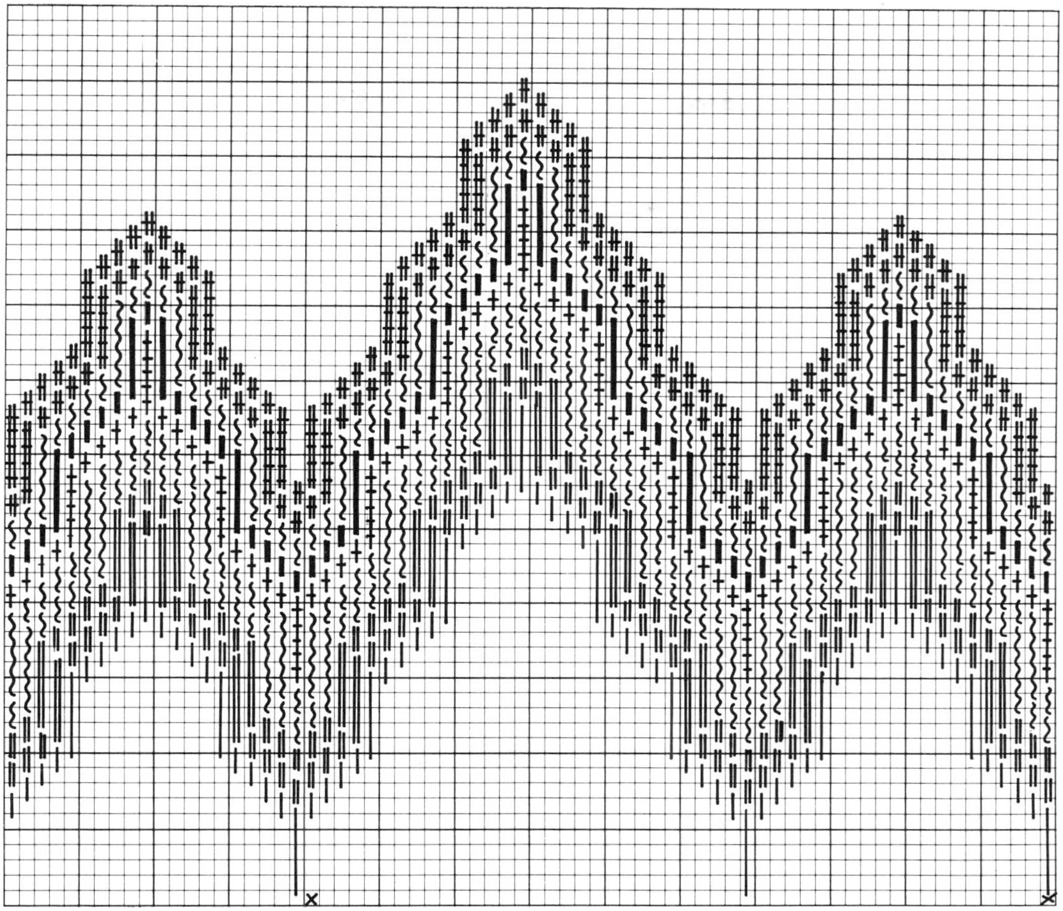

ǀ =	Nr. 3222	Weiß
‖ =	Nr. 3094	Helles Blau
⌇ =	Nr. 3077	Mittleres Blau
ǂ =	Nr. 3173	Helles Grün
❙ =	Nr. 3175	Grün
ǂ =	Nr. 3030	Dunkles Blau

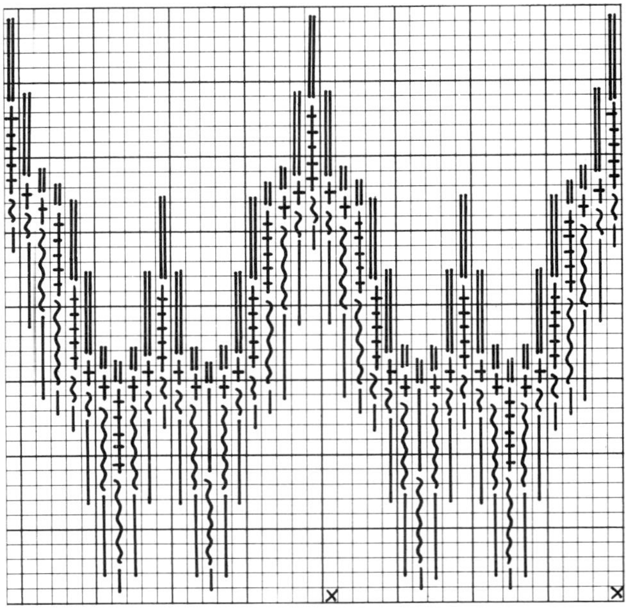

Die vier verschiedenen Stichreihen
werden in gleicher Reihenfolge
immer wiederholt.

Rot	Nr. 3098
Helles Blau	Nr. 3146
Mittleres Blau	Nr. 3058
Dunkles Blau	Nr. 3034
Helles Grün	Nr. 3173
Mittleres Grün	Nr. 3175
Dunkles Grün	Nr. 3177
Mittleres Grün	Nr. 3175
Helles Grün	Nr. 3173
Dunkles Blau	Nr. 3034
Mittleres Blau	Nr. 3058
Helles Blau	Nr. 3146

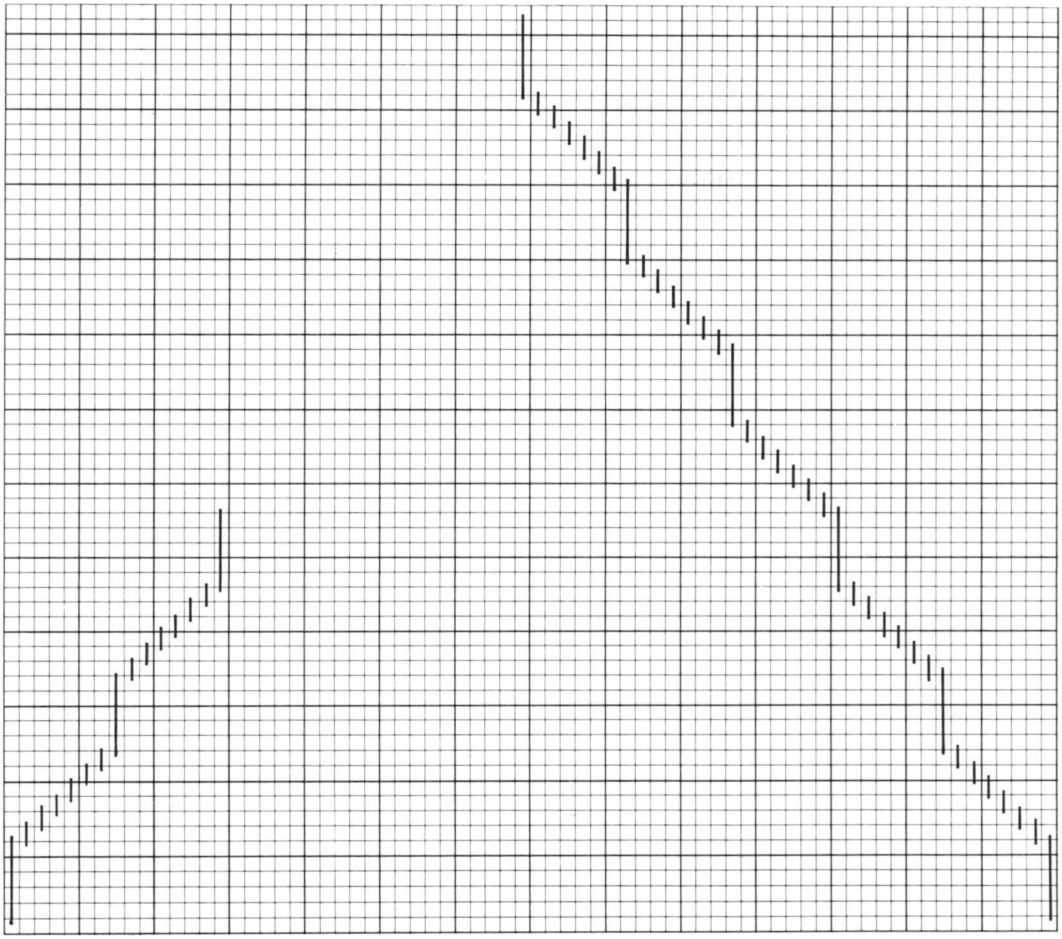

Man stickt von rechts unten nach links oben.
(Linkshänder benützen die linke Zeichnung und arbeiten
von links unten nach rechts oben.)

Weiß	Nr. 3204	Dunkelstes Grün	Nr. 3089
Hellstes Grün	Nr. 3085	Dunkles Braun	Nr. 3137
Helles Grün	Nr. 3087	Mittleres Braun	Nr. 3136
Mittleres Grün	Nr. 3043	Helles Braun	Nr. 3065
Dunkles Grün	Nr. 3044	Hellstes Braun	Nr. 3134

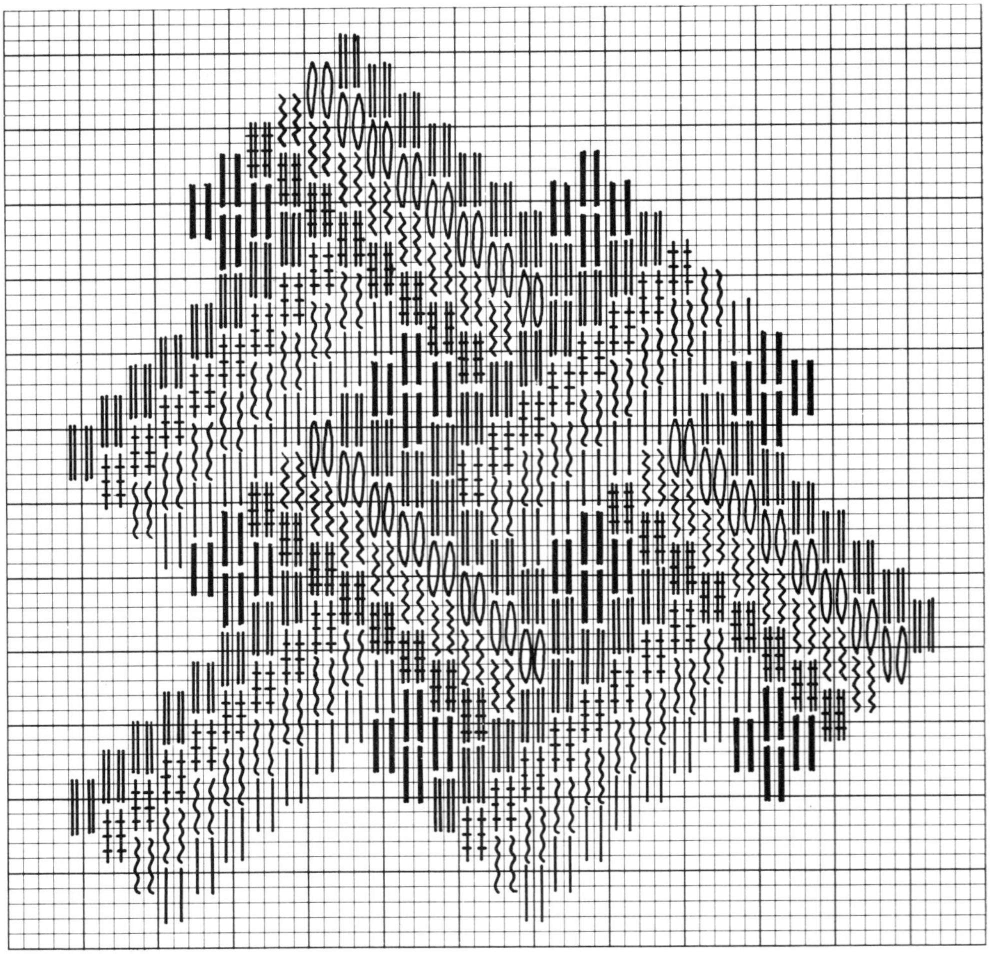

Um die Arbeit zu vereinfachen, sollten Sie gleich der Reihe nach mit allen Farben beginnen. Wenn Sie einen Faden im Moment nicht benötigen, lassen Sie ihn vor dem letzten Stich oben auf der Arbeit hängen. So kann sich hinten nichts verfilzen.

| = Nr. 3078 Dunkles Grün	| = Nr. 3030 Dunkles Blau
‖ = Nr. 3445 Helles Grau	ǂ = Nr. 3050 Dunkles Türkis
ǂ = Nr. 3094 Helles Blau	⌇ = Nr. 3040 Türkis
⌇ = Nr. 3077 Blau	() = Nr. 3139 Helles Türkis

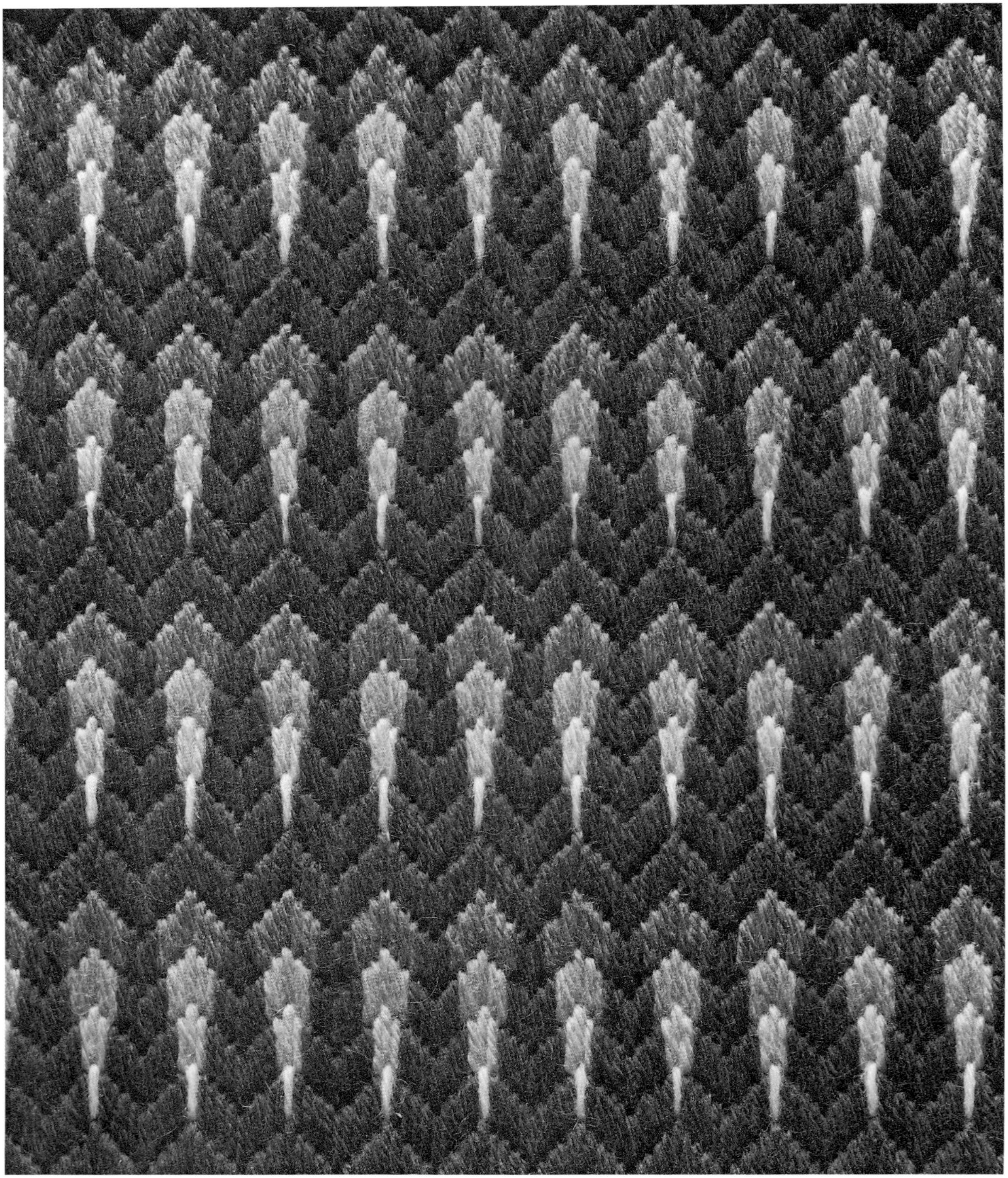

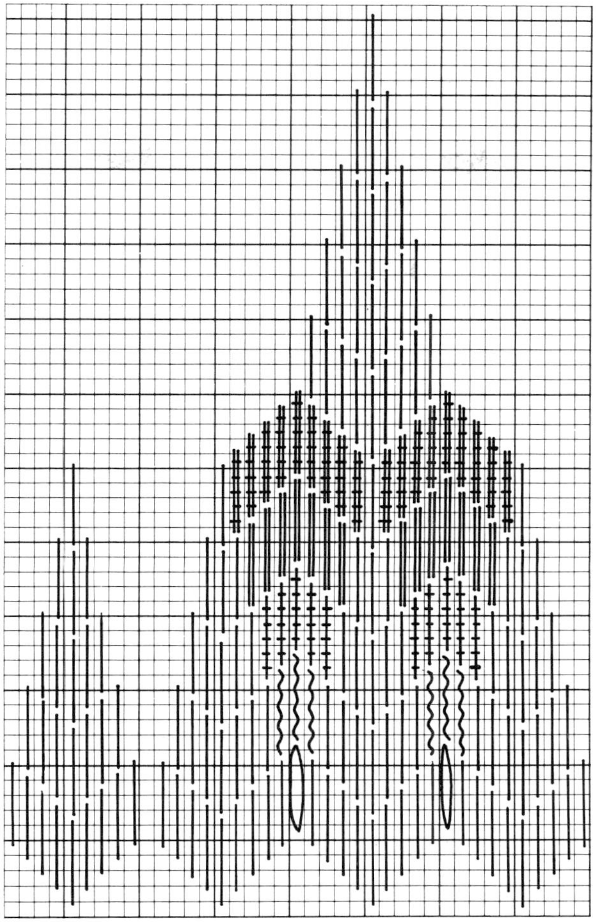

Statt der einfarbig roten Zapfen
könnte man auch hier 4-5 abgestufte Farbtöne verwenden.
Das Muster wird dadurch etwas unruhiger.

| = Nr. 3153 Rot
0 = Nr. 3222 Weiß
≀ = Nr. 3445 Hellstes Blau
ǂ = Nr. 3094 Helles Blau
‖ = Nr. 3077 Mittleres Blau
‡ = Nr. 3030 Dunkles Blau

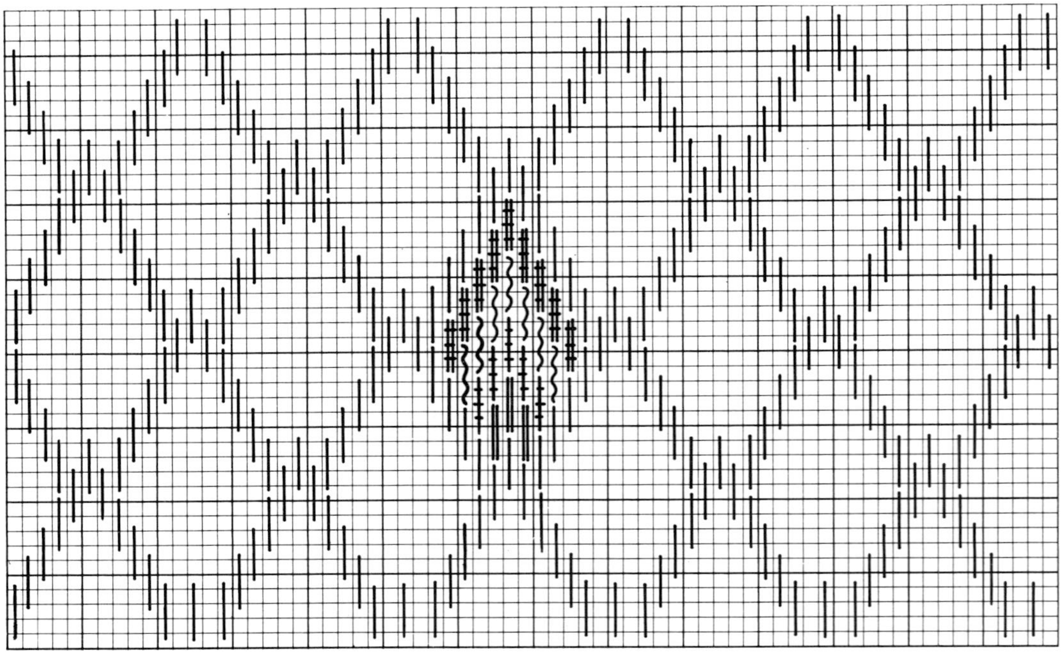

Sticken Sie zuerst über eine größere Fläche
nur die dunkeltürkise Umrandung der Rhomben.
Man behält so besser die Übersicht.

| = Nr. 3078 Dunkles Türkis
‖ = Nr. 3898 Rot
ǂ = Nr. 3222 Weiß
⌇ = Nr. 3139 Helles Türkis
ǂ = Nr. 3140 Mittleres Türkis

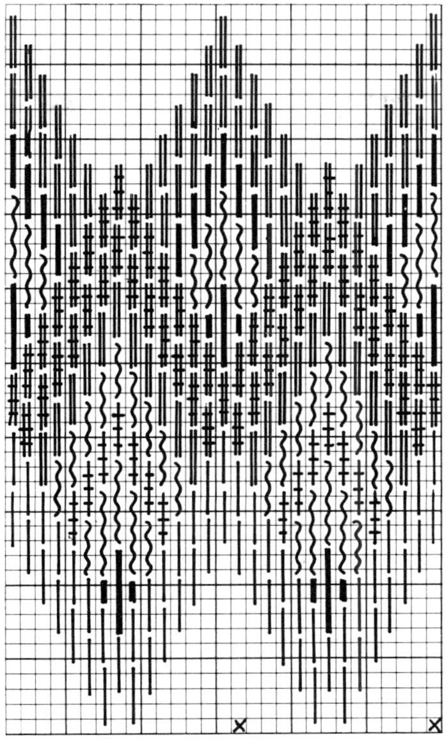

Dieses Muster sieht zwar recht einfach aus,
aber man kann sich sehr leicht verzählen.
Passen Sie deshalb sehr gut auf!

ǂ = Nr. 3898 Rot
❙ = Nr. 3056 Schwarz
‡ = Nr. 3015 Dunkles Gelb
≀ = Nr. 3229 Helles Gelb
‖ = Nr. 3054 Dunkles Blau
| = Nr. 3145 Helles Blau

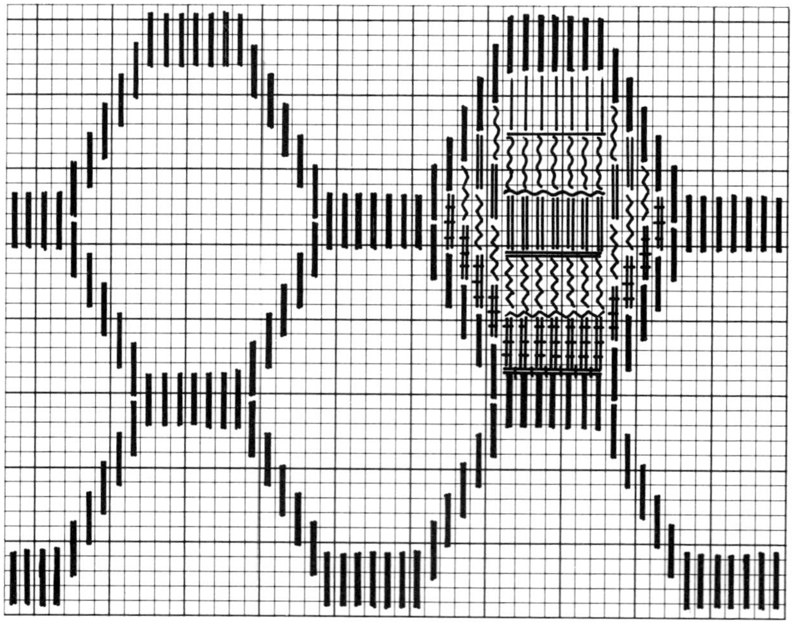

Man stickt zuerst eine größere Fläche
der schwarzen Umrandung und füllt dann die Rhomben
abwechselnd rot oder grün aus.
Unter den mittleren 7 Fäden
wird mit derselben Farbe jeweils ein waagrechter Stich
über 6 Fäden gemacht.

|	= Nr. 3056	Schwarz
|	= Nr. 3290	Hellstes Rot
	= Nr. 3085	Hellstes Grün
⌇	= Nr. 3893	Helles Rot
	= Nr. 3087	Helles Grün
‖	= Nr. 3895	Mittleres Rot
	= Nr. 3043	Mittleres Grün
⌇	= Nr. 3896	Dunkles Rot
	= Nr. 3044	Dunkles Grün
‡	= Nr. 3898	Dunkelstes Rot
	= Nr. 3089	Dunkelstes Grün

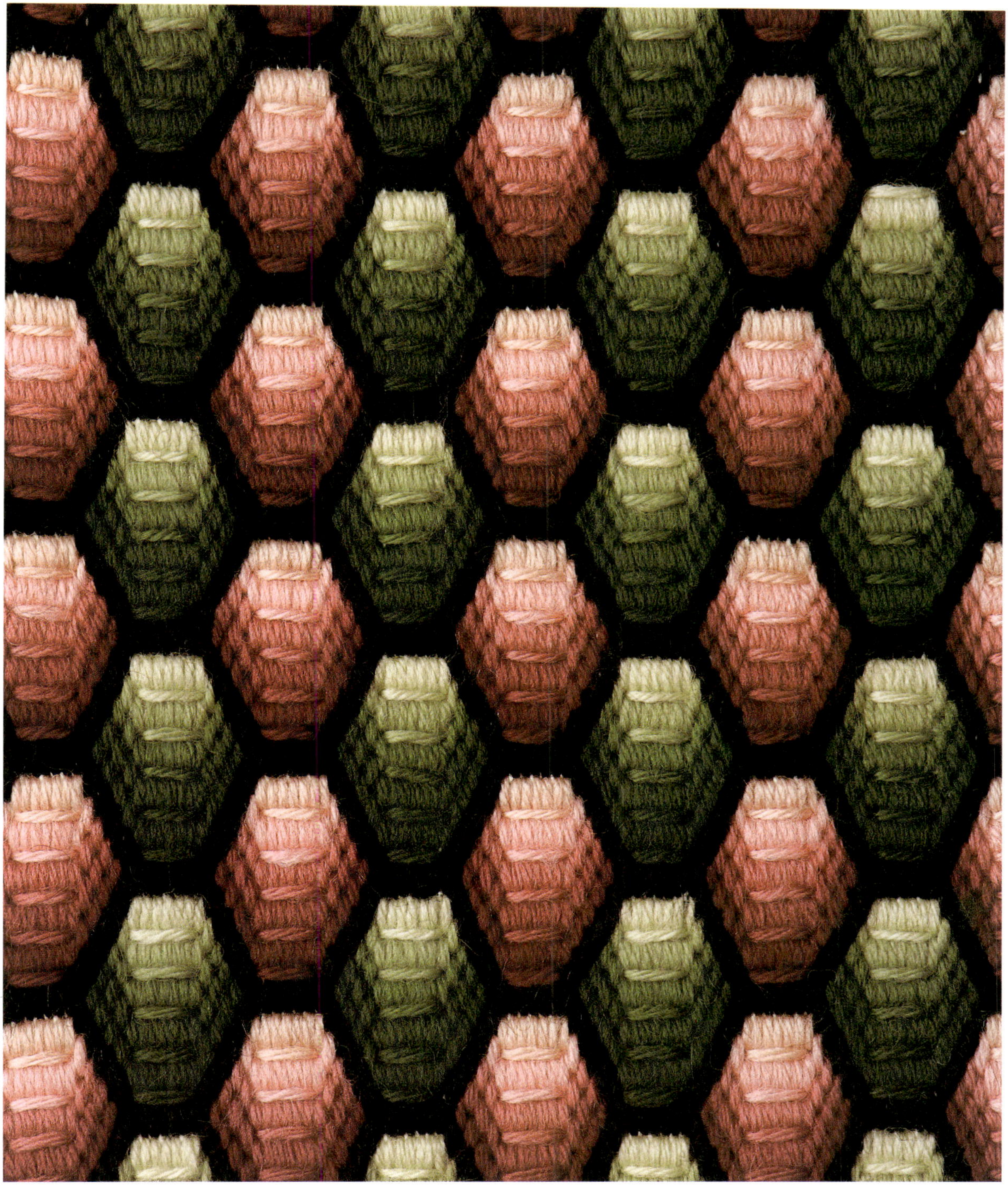

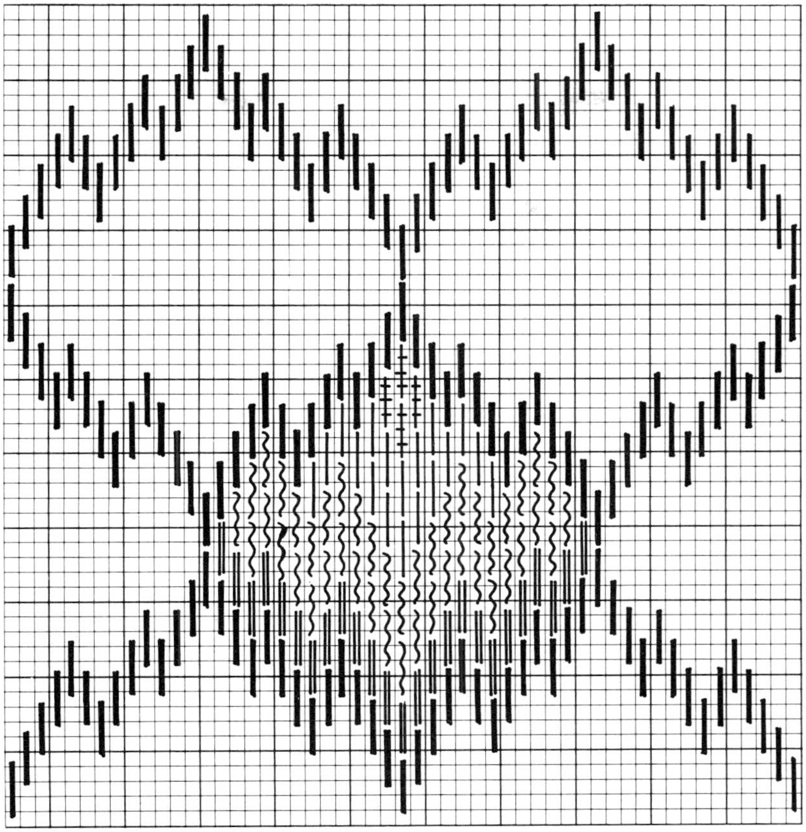

Man stickt zuerst eine größere Fläche
der braunen Umrandung und füllt diese dann der Reihe nach aus.

| = Nr. 3137 Braun
‖ = Nr. 3158 Dunkles Lila
⦚ = Nr. 3157 Mittleres Lila
| = Nr. 3155 Helles Lila
‡ = Nr. 3204 Weiß

Man stickt zuerst eine größere Fläche der weißen Umrandung und füllt diese dann Farbe für Farbe aus.

| = Nr. 3222 Weiß
⌇ = Nr. 3078 Dunkles Türkis
‖ = Nr. 3050 Türkis
‡ = Nr. 3140 Helles Türkis
| = Nr. 3139 Hellstes Türkis
ǂ = Nr. 3445 Grau
0 = Nr. 3896 Rot

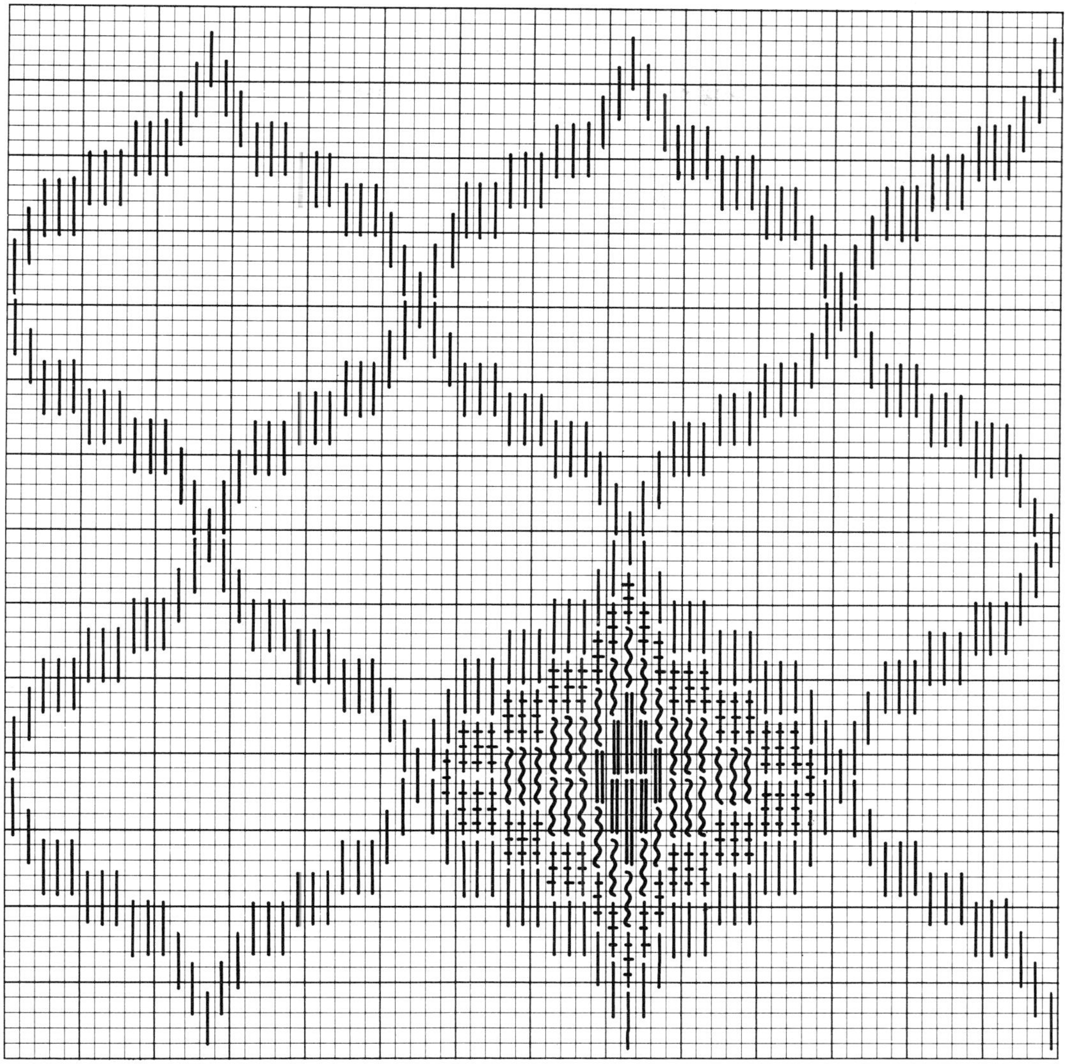

| = Nr. 3078 Dunkles Grün
ǂ = Nr. 3158 Lila
≀ = Nr. 3155 Helles Lila
‖ = Nr. 3140 Türkis

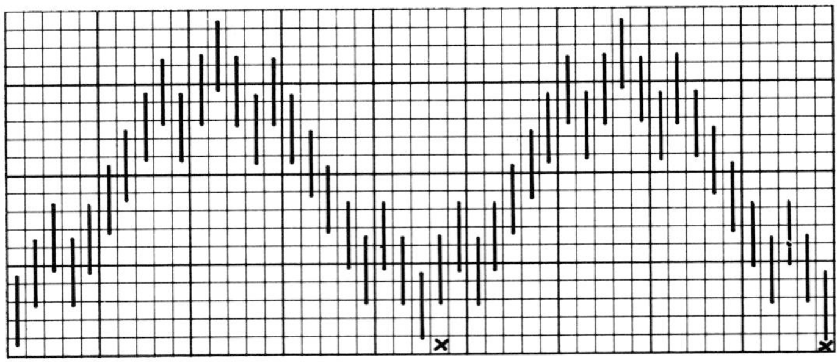

Für größere Flächen ist es vorteilhafter,
das Muster über 6 Fäden (um 3 Fäden versetzen)
zu sticken.

Dunkles Braun	Nr. 3136
Mittleres Braun	Nr. 3065
Helles Braun	Nr. 3134
Dunkles Grün	Nr. 3180
Mittleres Grün	Nr. 3177
Helles Grün	Nr. 3175
Dunkles Rot	Nr. 3898
Mittleres Rot	Nr. 3896
Helles Rot	Nr. 3895
Dunkles Blau	Nr. 3058
Mittleres Blau	Nr. 3146
Helles Blau	Nr. 3144

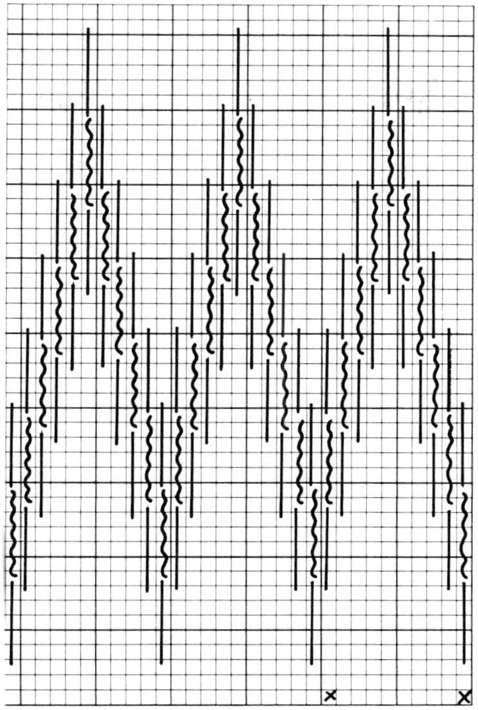

Über 6 Fäden sticken
und jeweils um 5 Fäden nach oben
oder unten versetzen.

Dunkles Blau	Nr. 3034
Mittleres Blau	Nr. 3058
Helles Blau	Nr. 3146
Hellstes Blau	Nr. 3144
Weiß	Nr. 3222
Helles Grün	Nr. 3173
Mittleres Grün	Nr. 3175
Dunkles Grün	Nr. 3177

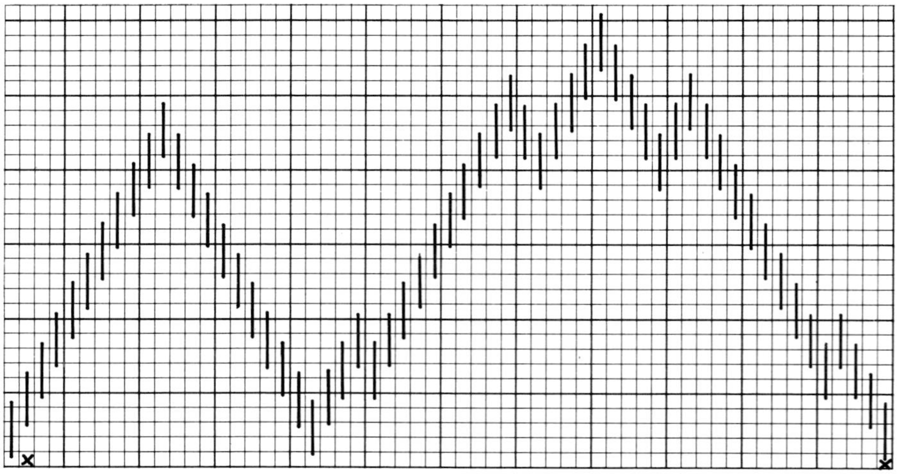

Für größere Flächen
kann man auch über 6 Fäden arbeiten.
Die Zacken
werden dann allerdings sehr steil.

Weiß	Nr. 3204
Helles Blau	Nr. 3094
Mittleres Blau	Nr. 3077
Dunkles Blau	Nr. 3030
Lila	Nr. 3157
Dunkles Blau	Nr. 3030
Mittleres Blau	Nr. 3077
Helles Blau	Nr. 3094

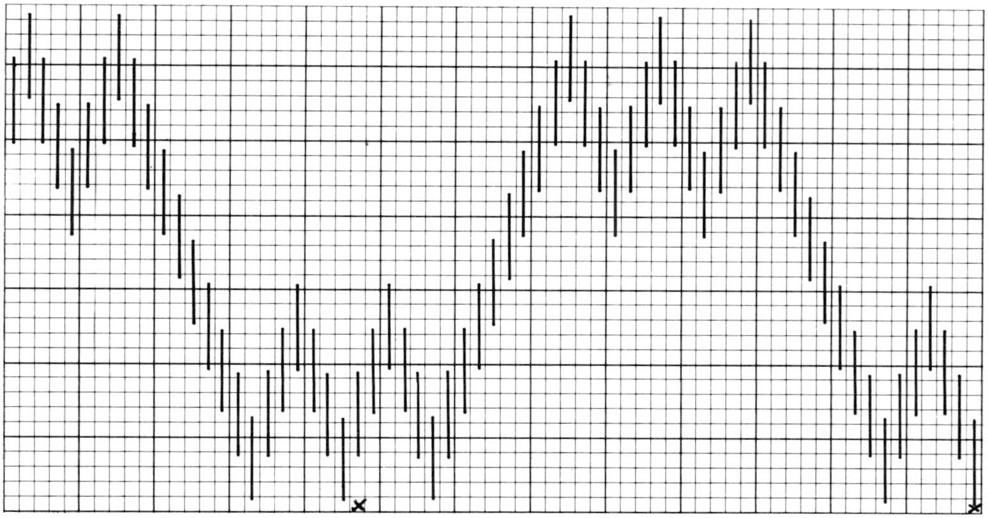

Dunkelstes Grün	Nr. 3180
Dunkles Grün	Nr. 3177
Mittleres Grün	Nr. 3175
Helles Grün (2 mal)	Nr. 3173
Rot	Nr. 3896
Helles Grün (2 mal)	Nr. 3173
Mittleres Grün	Nr. 3175
Dunkles Grün	Nr. 3177
Dunkelstes Grün	Nr. 3180
Rosa	Nr. 3290

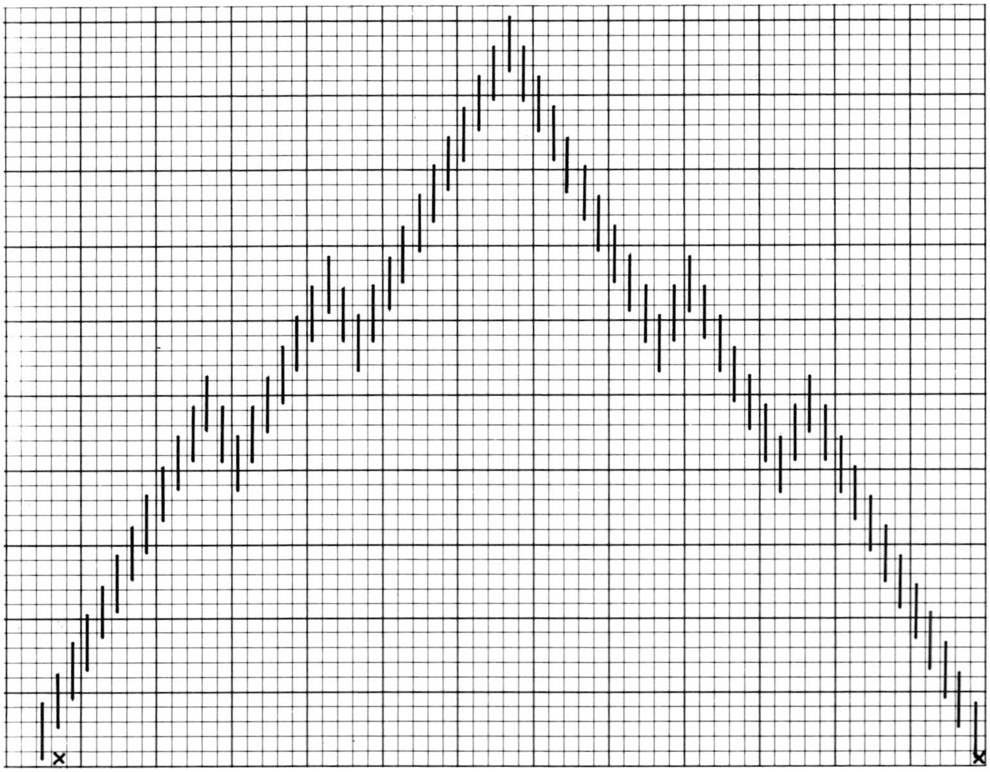

Dieses Muster kann auch über 6 Fäden,
um 3 Fäden nach oben oder unten versetzt,
gestickt werden.

Rot	Nr. 3011
Dunkles Grün	Nr. 3044
Mittleres Grün	Nr. 3043
Helles Grün	Nr. 3087
Weiß	Nr. 3204
Braun	Nr. 3040
Weiß	Nr. 3204
Helles Grün	Nr. 3087
Mittleres Grün	Nr. 3043
Dunkles Grün	Nr. 3044

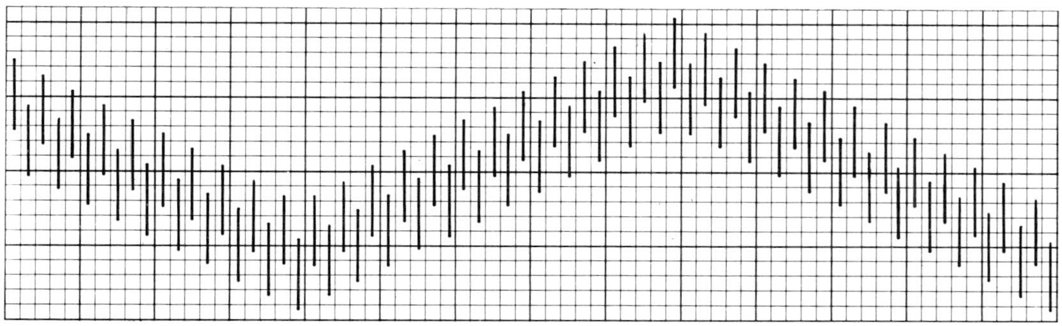

Fast wie tunesische Häkelei
wirkt dieses Muster,
bei dem die einzelnen Farbreihen
wie Zahnräder ineinander greifen.

Dunkelstes Gelb	Nr. 3016
Dunkles Gelb	Nr. 3015
Mittleres Gelb	Nr. 3013
Helles Gelb	Nr. 3239
Mittleres Gelb	Nr. 3013
Dunkles Gelb	Nr. 3015
Dunkelstes Gelb	Nr. 3016

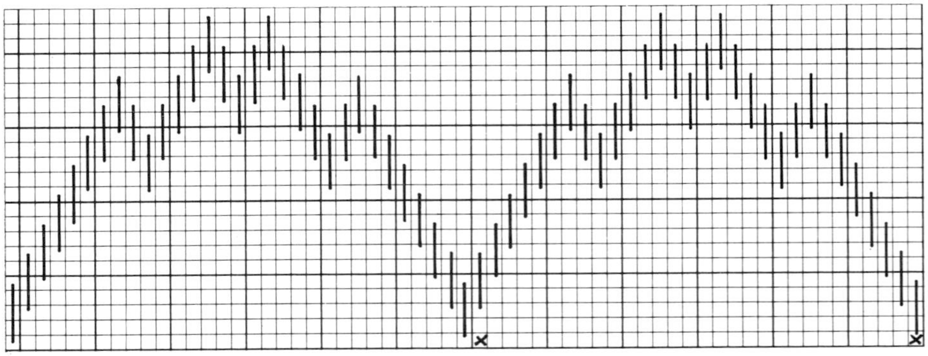

Dunkelstes Grün	Nr. 3089
Dunkles Grün	Nr. 3044
Mittleres Grün	Nr. 3043
Helles Grün	Nr. 3087
Hellstes Grün	Nr. 3085

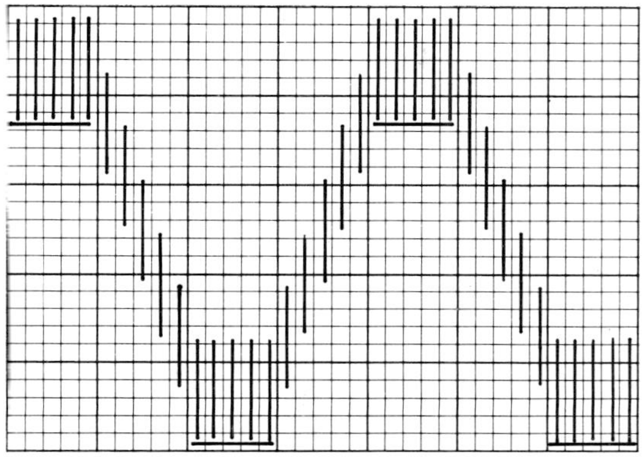

Über 6 Fäden sticken, jeweils 3 Fäden
nach oben oder nach unten versetzt.
Unter den fünf nebeneinanderliegenden Fäden
sticht man mit derselben Farbe
einmal waagrecht über 4 Fäden.

Dunkelstes Braun	Nr. 3137
Dunkles Braun	Nr. 3136
Mittleres Braun	Nr. 3065
Helles Braun (2 mal)	Nr. 3134

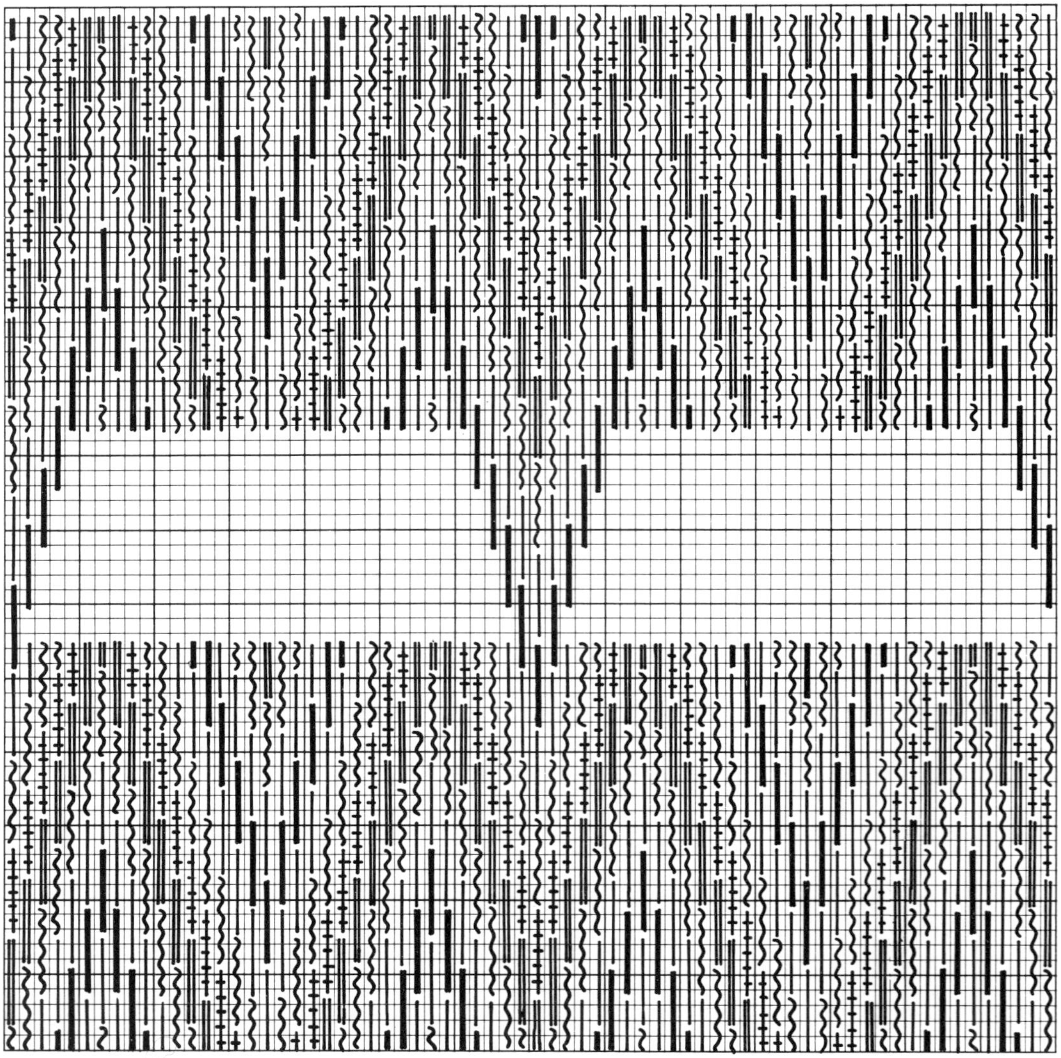

Sticken Sie zuerst die Zacken.
In die frei gebliebenen Flächen werden dann die Bänder
(siehe kleine Zeichnung) eingefügt.

| = Nr. 3040 Braun
¦ = Nr. 3085 Hellstes Grün
≀ = Nr. 3087 Helles Grün
‖ = Nr. 3043 Mittleres Grün
‡ = Nr. 3044 Dunkles Grün

Kleine Zeichnung rechts:
¦ = Nr. 3895 Helles Rot
≀ = Nr. 3896 Mittleres Rot
‖ = Nr. 3898 Dunkles Rot

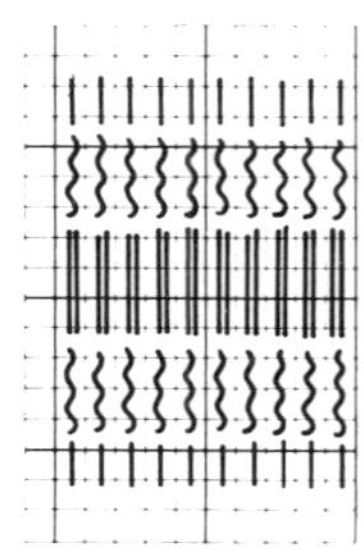

Rosenheimer Handarbeitsbücher – Jeder Band ein Musterparadies!

Lisbeth Wetterwald-Schäublin

Altberliner Stickmuster

96 Seiten, 22 teils doppelseitige Farbtafeln mit entsprechenden Mustern

Berlin war um die Mitte des vorigen Jahrhunderts das Zentrum für die Herstellung handkolorierter Stickmusterbogen in Deutschland. Nur wenige dieser spätbiedermeierlichen Muster für Petit point- und Kreuzstich haben sich in Museen und Privatbesitz erhalten. Die schönsten Beispiele werden mit diesem Buch in Erinngerung gebracht und sollen zu eigener Gestaltung anregen!

Christiane Gädtgens

Norddeutsche Stickmuster aus Vierlanden

96 Seiten, davon 8 Farbtafeln, mit vielen Mustern

Stickmuster aus Vierlanden sind Zeugnisse einer stolzen norddeutschen Bauernkultur, die es liebte, ihren dem Meer abgerungenen Wohlstand auch zu zeigen. Mit Kreuz- und Plattstichmustern reich verzierte Trachten und bestickter Hausrat sind Ausdruck dieses bäuerlichen Selbstbewußtseins.

Schwedische Blumenstickereien

Ins Deutsche übertragen von Karin Kessal. 84 Seiten, 36 Farbtafeln mit Musterzeichnungen von Ewa Mattill

Auf 36 Farbtafeln zeigt dieses Handarbeitsbuch Kreuz- und Flechtstickmuster, alle von bekannten schwedischen Textil-Designern entworfen. Die Muster wurden aus einer erfolgreichen Kalenderserie als schönste ausgewählt.

Eva Maria Leszner

Assisi-Stickerei

Altitalienische Kreuzstichmuster. 96 Seiten, davon 8 Seiten Farbbilder, 95 Musterabbildungen

Im hohen Mittelalter liegen die Wurzeln dieser kunstvollen altitalienischen Kirchenstickerei, die erst in unserem Jahrhundert die Frauen von Assisi neu entdeckt haben. Die besondere optische Wirkung macht jedes Muster zu einer Kostbarkeit unter den Kreuzsticharbeiten.

Fordern Sie bitte Prospekt »Rosenheimer Handarbeitsbücher« an!

rosenheimer

Literaturverzeichnis

Harriet Bridgeman und Elizabeth Drury: Geschichte der Textilkunst, Ravensburg 1980
Thérèse de Dillmont: Encyklopaedie der weiblichen Handarbeiten.
Originalgetreuer Nachdruck der deutschen Ausgabe von 1908, Ravensburg 1983
Bertha Schwetter: Lehrbuch der weiblichen Handarbeiten, Band II Leipzig 1937
Martyn Thomas: Bargello, Ravensburg 1977

 ISBN 3-475-52495-3

Dieses Buch erscheint in der Reihe »Rosenheimer Raritäten« im Rosenheimer Verlagshaus Alfred Förg GmbH & Co. KG, Rosenheim. Es wurde gesetzt von typografica GmbH, Rosenheim, gedruckt und gebunden von der Druckerei Ludwig Auer, Donauwörth.
Die Stickereien und die Musterzeichnungen wurden von Barbara Müller angefertigt.
Die Fotos auf Seite 12 stammen von Fritz Höllerer, Stockdorf. Alle übrigen Abbildungen und das Umschlagbild fotografierte Foto-Rammel, Rosenheim.
Der Umschlag wurde gestaltet mit einer Stickerei von Barbara Müller.
Das Vorsatzblatt zeigt eine Ansicht der Kirche San Lorenzo in Florenz (Stahlstich, ca. 1860).
Abbildung Seite 1: Italienische Frauenkostüme der zweiten Hälfte des 16. Jahrhunderts (Stahlstich aus »Der Bazar« 1869).